国家武装冲突法军事手册研究

林 伸生（主编）

薛茹 译

2023
奥普萨尔学术电子出版社
Torkel Opsahl Academic EPublisher
布鲁塞尔

本卷编辑

林伸生（Nobuo Hayashi）博士现为瑞典国防大学国际法与军事行动法中心高级副教授。他曾长期作为专家法律顾问，为海牙国际刑事司法系统提供咨询意见。

封面：本卷内容系以 2007 年 12 月于挪威召开的研讨会论文集为基础，故我们选择使用挪威的风景（摄于挪威肖尔门峡湾，"Skjomen"；萨米语称"斯奇尔瓦"，"Skievvá"）作为封面。挪威自然风光中的光影反差，正契合了本书的主旨：如何通过国家军事手册这种特殊形式，来启迪、改进武装部队的自我规制，以控制、减少武装冲突的平民伤亡。这同样也是一个用光明来驯服黑暗的工程。摄影：特里姆·伊瓦·伯格斯默（Trym Ivar Bergsmo，www.bergsmo.no）。

后封面："TOAEP 出版物系列"各卷均使用世界各地的公共开放空间作为其后封面图像。本书后封面摄于以色列阿卡的巴吉宅邸，展现了宅邸庭院中得到精心呵护的橄榄园。橄榄树扎根极深，从地底汲取水分，为人们提供荫蔽与果实。此场景构成一个极为合适的隐喻：在武装冲突中为平民提供庇护的种种克制要求，在国家军事手册的协助下，应在武装部队内部文化中盘根错节地扎下根来。

ISBNs: 978-82-8348-212-6【纸质版】和 978-82-8348-213-3【电子版】。

中文版前言

"TOAEP 出版物系列"是奥普萨尔学术电子出版社（Torkel Opsahl Academic EPublisher，"TOAEP"）发行的五个出版系列中发行时间最久的一个系列。自 2010 年以来，TOAEP 出版物系列已推出了四十多本作品，并在诸多学术期刊及年刊中收获了大量好评。截至 2023 年年中，奥普萨尔学术电子出版社总计推出了来自全球超过 740 名作者的著述。本书是继 2012 年问世的《国家主权与国际法》（莫滕·伯格斯默和凌岩主编）论文集后，TOAEP 推出的第二部中文出版物。我们十分庆幸能使用中文这一全世界使用极广的语言进行出版。我在北京大学法学院担任客座教授期间（2012–2018），开始愈发重视中国所拥有的优越人才资源，并期待中国国际法学者为进一步推动国际法发展做出独特贡献。

奥普萨尔学术电子出版社隶属国际法研究与政策中心（Centre for International Law Research and Policy，"CILRAP"），后者为一个独立机构。本书内容出自 CILRAP 下属部门于 2007 年 12 月 10 日在挪威奥斯陆组织的题为"国家武装冲突法军事手册"的研讨会。本书的主编林伸生（Nobuo Hayashi）是这场研讨会的设计者。他与彼时效力于挪威红十字会的国际人道法专家麦斯·哈雷姆（Mads Harlem）紧密合作，促成了研讨会的召开。

此次研讨会检讨了一个在北欧国家武装冲突法领域尚未被充分探索的主题。在此次研讨会召开时，北欧各国尚未制定关于武装冲突法的军事手册。北欧国家的一些决策者和重要法律人士对这样一部军事手册在其本国实践中的实际效益持怀疑态度。另一些人则对北欧各国军事系统进行自我规制的合适限度有所顾虑。阐述和解释相关国际法义务的任务应当交由军队律师完成吗，还是说此类的工作只应是外交部和司法部律师的职权？北欧国家武装部队在参加联合国维和行动之外，很少介入其他武装冲突。为此，北欧国家维和部队极少出现严重违反国际人道法的情况；有着很好口碑的中国维和部队情况与此类似。以上都是值得考虑的因素。当然，上述事实与军事手册的核心价值并关系。不过，即便是在有着良好军纪且武装部队专业性较强的国家中，这

i "

些被曝光的丑闻可能促使了决策者们搁置有关编撰军事手册的讨论。

一些国家已将军事手册视为武装部队总体规范性框架中不可或缺的要素。在这些国家中，又有部分国家长期广泛地介入武装冲突，并花费了很大财力来维持其遍布全球的军事行动。这些国家的做法一定程度上反映了一个长期以来已经得到认可的必要措施，即为了确保本国的武装部队成员了解并且遵守适用于这一国家的有关武装冲突中限制使用武力的规范，国家应当首先使其武装部队成员知道这些限制是什么。这些国家为编撰和完善军事手册所做的大量工作和积累的专业知识令人敬佩。一些国家的军事手册对其当代军队系统的自我认知产生了重要影响，以至于它们有时会强调军事手册在本国已有悠久的历史。的确，国际人道法最早的内容部分取材于国家军事手册。

这次研讨会上，来自上述已经拥有军事手册的国家以及其他国家的专家共聚一堂。如书所示，讨论的内容既有广度也有深度。会议提出了一系列需要得到继续检验和分析的问题：

第一，我们对于军事手册的实际影响是否了解？我们是否曾收集并比较过不同国家、以及同一国家武装部队不同军种军事手册的实际影响的数据？

第二，编撰一部同时以政府律师、低层级军官以及士兵作为目标群体的军事手册是否合理？我们是否应特别针对后两类群体编纂军事手册，以便更为有效地向他们传达超出传统军事行动手册以及士兵手头的"武装冲突法卡片"标准的更多知识？

第三，军事手册如何才能做到尽可能易于阅读？尤其是当目标群体涵盖低层级军官和士兵时，这一目标又应如何达成？是否应当开发出电子版的或者联网形式的军事手册，在传统的文本叙述基础上增加多种不同层次的演示效果，以便使不同的目标群体能够容易接受？除法律和军事相关的专门知识和经验外，我们是否应当引入不同学科的专门知识，诸如教育学、心理学和法律信息学，以使军事手册能更容易被目标群体理解，并以此更好地达成手册的目的？

通过改进现有的工具以强化对国际人道法的尊重与强化国际法律与秩序这一外交目标是一致的——这才是最核心的关切。对比世界各国武装部队所消耗的极其庞大的物力与人力，增进我们对上述问题的理解所需要的资源微不足道。此番投入颇有价值，因为对这些问题的深入研究，将有助于确保各个国家尊重它们参与创设或至少是接受了的国际法律义务。

莫滕·伯格斯默

TOAEP 出版物系列总主编

CILRAP：国际法研究与政策中心主任

第一版序言

2007 年 12 月 10 日，星期一，奥斯陆承办了一场关于国家武装冲突法军事手册的国际研讨会。本书集合了这次研讨会上的论文、发言以及观点。我希望，那些准备编撰新的军事手册的人们能够从本书中获益。

这次研讨会是国际刑事司法和冲突论坛（现在改名为国际刑法和人道法论坛）的系列活动之一。这次活动的协办者包括奥斯陆大学挪威人权中心、挪威红十字会、丹麦红十字会、芬兰红十字会、瑞典红十字会、挪威国防指挥与参谋学院、挪威国防研究院以及奥斯陆和平研究院（PRIO）。

与会者有来自欧洲、北美和中东十几个国家的约一百人。他们中有学者和学生，军队律师，军法署顾问（judge advocates），军事行动参谋，警察教官，红十字会顾问，政界人士，编辑，检察官，以及来自外交部、国防部和司法部的法律顾问们。与会者围绕军事手册的若干方面进行了探讨，像是如何开始编纂及事后的修订调整。研讨会还探讨了编纂一部适用于北欧国家的区域性军事手册的设想。

特别感谢与会各位发言人与主持人为此次研讨会以及为本书提供的反馈意见；感谢会议报告员为记录发言与讨论纪要付出的辛勤劳动；感谢那些帮助发言人和主持人准备手稿的工作人员；感谢挪威红十字会，尤其是马兹·哈雷姆先生及其同事为本次研讨会提供的后勤支持，包括提供了挪威红十字会的"亨利·杜南厅"作为研讨会的会场，并为报告员们准备了录音设备；感谢论坛实习生琳达·哈斯塔德（Linda Hafstad）在行政事务方面提供的帮助；感谢奥斯陆和平研究院信息部主任阿格奈特·施耶斯贝（Agnete Schjønsby）女士为本书出版过程中的设计、排版以及印刷方面付出的辛勤劳动。

最后，我代表此次研讨会所有的联合组织者感谢挪威、丹麦、芬兰和瑞典红十字会提供的财政支持。

林 伸生

主编

译者序

  武装冲突法是几个世纪以来逐渐形成的，主要对作战手段和方法加以限制、对未参加或退出敌对行动的人员予以人道保护的一系列规则的总称，有的国际组织也将此类规则称为国际人道法。19 世纪以前，这类规则多体现在文明准则和宗教教义之中。19 世纪之后，现代战争的痛苦经历客观上刺激各国联合起来，将过去仅存在于国际习惯中的战争规则编纂成文并形成国际条约。在红十字国际委员会的推动之下，国际社会更是通过了一系列《日内瓦四公约》及其《附加议定书》，其中所包含的为现代社会所禁止的作战行为以及人道保护要求，已经远远超出了那些根植于古老文明和宗教之中的禁令与做法。

  武装冲突法相关条约付诸实施主要依赖各缔约国的武装部队。因此，向各国的武装部队推广和普及此类国际条约中的规定就成为确保其得到遵守的重要一环。2015 年 12 月，在瑞士日内瓦召开的第 32 届红十字与红新月国际大会通过的第二项决议就是关于"加强遵守国际人道法"，与会国均承认当前亟需强化和推动国际人道法的实施和遵守，并提高国际人道法实施的有效性。可见，如何使各国武装部队成员了解国际人道法条约的内容，使执行军事任务的军人能够在战场上、在行动中理解并遵守国际人道法规则，仍然是条约缔约国面临的重要挑战。

  一些国家的实践表明，编撰武装冲突法军事手册是应对这种挑战的一种行之有效的方法。从这些国家编撰和使用武装冲突法军事手册的经验来看，手册的首要作用是作为军事训练的实用工具和军事行动的战地指南，这决定了手册的内容、结构及语言都应当尽力向实战型和通俗化靠拢。手册的另一大作用则是阐述对于相应国际人道法规则的国家立场，通过国家立场的透明化达到国际间增信释疑、促进国际关系和平稳定的目的，这又要求手册措辞高度专业化，力求精确。一部国家武装冲突法军事手册就是要在国家立场、武装冲突法规则及其表述的实用性和专业性上形成有机统一。

  目前世界上还有很多国家没有编撰过武装冲突法军事手册。那么，那些使用过手册的国家的经验是否可以推而广之？这就是这部书致力于回答的问题。这部书涵盖了从最基础的武装冲突法军事手册的概念和内容，到国际法中前沿的国际刑法、国际人权法与军事手册的关系等，这几乎是每一个希望编撰一部武装冲突法军事手册的国家想要了解的所有主要问题。难能可贵的是，这部书中还给出了实用的编撰军事手册的指导建议。尽管这部书讨论的议题是为北欧国家设计的，成书是在近十年以前，时至今日，书中所讨论的内容对于多数国家而言仍然具有现实意义和参考价值。

中国是 1949 年《日内瓦四公约》及其两个《附加议定书》的缔约国。近二十多年来，中国人民解放军在宣传和普及国际人道法规则方面做出了很多努力。自 1986 年中国军队就开始制定实施普法教育五年计划，普法教育的内容包括普及武装冲突法知识。根据中国加入的相关条约，中国军队的职能机构和法律专家编撰了《战争法知识讲座》、《战争法案例述评》、《海军国际法手册》、《海上军事行动法手册》等实用法律读本，创制了《中国人民解放军武装冲突法训练》、《战争法》等教育训练电子教材，向基层官兵发放了人手一份的"武装冲突法知识卡片"，并且翻译印制了一系列武装冲突法领域的英文专著和手册。中国军队虽然没有编撰过一部国家层面的、具有法律约束力的武装冲突法军事手册，但是一直以来都在以各种形式履行着普及和实施武装冲突法的条约义务。

一个国家是否需要编撰并使用武装冲突法军事手册以及编撰怎样形式的手册，是由这个国家武装部队的历史文化和法律传统等多种因素决定的。武装冲突法军事手册是保证武装冲突法得以实施和遵守的一种媒介，是履行武装冲突法条约义务的一种手段。因此，译者希望这本书中的内容能够给包括中国在内的一些没有编撰过武装冲突法军事手册的国家在更好地履行其条约义务方面以启示和借鉴。

这本书中有位作者强调，"如果希望武装部队成员依照法律行事——假如他们不依法行事就有可能在国内和国际性法庭遭到起诉——那么他们至少有权知道审判他们的法律标准是什么。"的确，一名士兵有权利要求以他听得懂的语言学习和掌握那些需要他遵守的法律规则，《日内瓦四公约》的缔约国也有义务帮助实现这种权利。履行这项国家义务可能不一定需要编撰一部武装冲突法军事手册，但是这本书的每一章都在从不同侧面阐明怎样使一名普通士兵能够读懂武装冲突法条约中专业的法律条文。这也正是翻译这本书的目的和价值所在。

薛茹
2019 年 11 月

目录

会议论文集

主题一：
军事手册的基本元素

主题二：
编撰和使用军事手册的经验

主题三：
军事手册的范围和内容

主题四：
如何编撰一部北欧国家通用军事手册

结论

导论

林 伸生 **Nobuo Hayashi**[*]

1. 研讨会的背景

2007 年 7 月底，我们就有召开关于国家武装冲突法军事手册的研讨会的初步想法。来自挪威红十字会的麦斯·哈雷姆（Mads Harlem）提出关于军事手册的议题，并最先准备了框架文件。之后，我和哈雷姆以及来自奥斯陆国际和平研究院的莫滕·伯格斯默（Morten Bergsmo）一起讨论了这份文件。我提议进一步完善这份文件。我们于 8 月初达成一致意见，并起草了一份完整的研讨会计划。

我们从一开始就感到对国家武装冲突法手册的熟悉程度还是很有限。似乎可以合理地假设这些手册可以为武装部队成员提供明确的行动指南，并促使他们遵守武装冲突法。但除此之外，与这些手册的作者和读者相比，我们对于手册的确切性质似乎知之甚少。军事手册究竟是训练用的教科书、执业者的参考书、还是手册发布国的官方立场？这些手册构成对其接受者具有法律约束力的正式规则吗？尽管我们有几份这样的手册，例如，加拿大、德国、英国和美国发布的手册，但是对我们而言，这些一般性的问题仍没有得到回答。

我们还感到，就资源、专业知识、时间和劳动量而言，制定一部可靠的武装冲突法手册是一项艰巨的任务。这项任务首先需要一支专门团队，甚至可能是一系列的专门队伍：起草团队，编辑团队，还有由研究人员和顾问组成的广泛网络。第二，手册还需要相关人员谙熟武装冲突法和国际公法，并具有强大的军事行动影响力、经验和洞察力。第三，制定手册也是一项若非耗费几十年也必需多年才能完成的工程。第四，制定手册还需要将多名作者起草的文本整合，使之相互协调和连贯，而这种工作却是冗长、费力的，有时是极为枯燥的过程。

这些都意味着，只有当足够级别的政府高层基于充分信息做出决策，并给予稳定而长期的政治和军事支持时，方能制定一部名副其实的

---

[*] 林伸生，奥斯陆和平研究院研究员。

手册。但还是会有问题出现：让习惯于灵活且创造性地应对战场上瞬息万变事态的军人们认识到武装冲突手册的功用，确实是一项令人望而生畏的任务。他们会对将其手脚"束缚于"先前出版物所阐明的立场上而感到焦虑。毕竟既然这么多年在没有手册的情况下他们也做得很好，为什么还要制定一部手册呢？

这使我们提出一系列问题。国家的武装冲突法军事手册究竟为何物？是什么使发布手册的国家与未发布手册的国家产生差别？这些国家在评估手册带来的益处和代价时在哪些方式上表现不同？

我们知道，目前没有一个北欧国家制定过成熟的国家手册。毫无疑问，它们肯定曾在不同的时间考虑过这一问题，并决定不再对其深入研究。然而，最近几年的战争和适用于战争的法律都发生了明显、迅速而重大的变化。这些变化"重新提出"了诸如冲突类型这样的问题，这也使得北欧国家更新对这些问题的官方立场变得愈发重要。同时，北欧国家已置身新的行动环境中——例如，在科索沃的和平支持行动、在阿富汗的作战行动——这些领域都急需有效的法律指导。因而各北欧国家在讨论这些法律和行动问题时，似乎也应讨论军事手册的可取性。另外，考虑将本国立场标准付诸书面至少足以让该国严肃对待此事。

2. 研讨会的目的和结构

鉴于以上考虑，我们提出了本次研讨会的四个主题，即①国家武装冲突法军事手册的"基本元素"；②制定这种手册的国家的经验；③一部好的手册的范围和内容；④没有这种手册的国家是否有必要制定手册。为了向计划起草手册的国家提供帮助，我们决定将重点放在具有实际意义的重要事项上：

第一，本次研讨会将探讨国家军事手册的本质和功能。这一主题又分为两个子课题，分别与发布手册的国家和国际法相关。首先，何谓手册？手册有何功能？"武装冲突法军事手册"的表述可能不仅仅指一类文件吗？[1] 这种对发布国武装部队进行规制的特定手册，尤其与其他

---

[1]　See, for example, Charles Garraway（查尔斯·盖瑞威），"The Use and Abuse of Military Manuals", in *Yearbook of International Humanitarian Law*, 2004, vol. 7, pp. 425–40. 盖瑞威认为至少有三种不同类型的文件，即国际手册，国家手册以及他所谓的"内部手册"。根据盖瑞威的观点（同上，第 439 页）：

规则设定的文件相比，在更广泛的法律、制度和规范框架内具有什么样的地位？筹备手册的人员需要就其宗旨、地位、范围和内容达成一致，并据此调整他们的工作。

既然国家手册以某种形式表达了关于武装冲突法的立场，那么手册对于国际习惯又有什么影响？手册能够成为国家实践和/或法律确信的证据吗？或者均不构成这两者的证据？[2] 结论很可能是，无论国家手册在其本国内部的正式地位是怎样的，由国家发布的所有关于武装冲突法的官方指令很可能构成国家实践的证据。[3] 但是，同样还存在这种可能性，即不同的文件根据其发布机关在国家规制序列中的级别不同——至少在法理上——而具有不同的证明价值。倘若手册的起草者们能事先反思手册内容对生成和确认习惯法过程的潜在影响，并意识到这些文本将会给其政府所带来的深远法律后果，这对他们的工作不无裨益。

（国家手册）不会像国际手册一样去厘清法律，也不会为实施法律提供技术性指导。相反，国家手册的目的是解释某一国家对法律的特定立场，再由其他文件将这种立场转化为对行动和战术方面的指导。

[2] See, for example, Frits Kalshoven（弗里茨·卡尔沙文），"The Respective Roles of Custom and Principle in the International Law of Armed Conflict: The Second Friedrich Martens Memorial Lecture", in *Acta Societatis Martensis*, 2006, vol. 2, p. 59. 卡尔沙文称军事手册为"一种国家实践的形式，虽远不如战场实践那样具有实在性，但也不能完全被忽略。"

[3] See, for example, Jean-Marie Henckaerts and Louise Doswald-Beck, *Customary International Humanitarian Law, Volume II: Part 2*, Cambridge University Press, 2005, pp. 4196–207 (https://www.legal-tools.org/doc/d8df48/)（中译《习惯国际人道法》，且分作两卷，第 1 卷：规则和第 2 卷：实践）. 红十字国际委员会的《习惯国际人道法》是在更宽泛的意义上使用"军事手册"（military manual）这一的表述。另见 Michael Bothe（迈克尔·博特），"Customary International Humanitarian Law: Some Reflections on the ICRC Study", in *Yearbook of International Humanitarian* Law, 2005, vol. 8, pp. 156–7:

什么是军事手册？通常而言，军事手册构成国家武装部队内部法律规则的一部分，对在武装冲突的特殊环境下的特定行为做出规定。它们以一般命令、指令或类似文件的形式出现。

博特继续阐述到，（脚注 48）在一般命令、指令或类似文件中：

除了这些具有正式约束力的文件外，红十字国际委员会所编的《习惯国际人道法》还参考了各国所使用的训练手册和传播手册……这些文件虽然正式地位较低，但它们的确也构成是一种国家实践元素。没有国家会在教育自己的士兵有关的权利和义务时，有意偏离该国军事机构就这些权利和义务所秉持的官方观点。

第二，本次研讨会上，我们将分享已颁发手册的国家的经验。此处有两条主题线索。第一条线索聚焦三个国家的手册——即加拿大、德国和英国的手册。这三国制定其手册的目的是什么？它们将哪些人定为目标受众？这三国是否以及如何处理手册在其各自军事法律体系以及在国际法上的法律地位？该问题是否给这些国家带来困扰？在起草过程中，他们会碰到实质性、行政性质和（或）其他类型的困难吗？如果一个国家首次考虑颁布手册，这三个国家会向这个国家提供什么建议？考虑到这些国家的规模、自我认知、国际形象和法律传统，我们认为北欧国家会借鉴英国、加拿大和德国起草手册的经验。

另一条线索则聚焦国家手册在当今多国和平行动中的作用。国家手册在这些行动中发挥了什么作用？标准的国家武装冲突法手册会为参加海外维护和平、强制和平和执法行动的人员提供有效调整方案吗？采用国际方式制定军事手册或许更加适合他们。鉴于北欧国家在这一领域表现活跃，诸如此类的问题显得十分重要。

第三，本次研讨会将研究一部制定完善的国家手册要包括的范围和内容。手册是否应覆盖武装冲突法的各个领域，例如中立法，还是应仅限定在直接影响颁布国利益的领域。手册如何处理具有争议且不断变化的问题，例如武装冲突的类型、个人地位和占领问题？如果可能，武装冲突法手册应在多大程度上吸收国际法其他相关领域的内容，例如国际人权法和国际刑法的内容？

第四，本次研讨会将研究国家是否真的需要一部武装冲突法军事手册。对于尚没有手册的国家，手册是否真的必要？它的附加价值是什么？使用或是不使用军事手册各自有何利弊？为其武装部队制定或尚未制定手册的国家，他们所赞成或反对的又是什么？一部手册要合法、可行和（或）有用，还需要什么条件吗？如果有，这些条件是什么呢？鉴于北欧各国之间联系紧密，有丰富的专门知识可供利用而且可以共同分摊成本，是否可能形成一部"北欧"手册？

本次研讨会计划召开四次会议，每次会议专门讨论一项主题。我们从丹麦、芬兰、挪威和瑞典选择会议主持人以突出北欧国家所关注的问题。我们也保证不同的背景、经验、利益和观点均可在小组会议上得到展示。这项工作还是比较成功的，除了有来自英国加拿大、德国和北欧国家的人员参加小组会议外，还有代表瑞士、红十字会和独立观点的人士参加。尽管我们做出了努力，但我们没有能够邀请到冰岛和美国的人士参加。

我们的研讨会因欧洲十二月份的天气而遭受损失。两位确定的发言人，格罗·尼史顿（Gro Nystuen）和沃尔夫·海因茨舍尔·冯·海内格（Wolff Heintschel von Heinegg）在会议召开前夕病倒了，不能参加会议。我们原本计划由尼史顿致会议开幕词并主持小组讨论，由海内格主讲德国的军事手册经验。我们在会议前夕收到了他的论文草稿，本专辑收录了这篇论文的最终定稿。

3. 研讨会上发表的意见

3.1. 军事手册的基本元素

查尔斯·盖瑞威（Charles Garraway）认为国家手册既不同于国际性军事手册，也不同于由低级别政府部门发布的官方武装冲突法指南。国家手册本身不是法律。然而，它的确构成颁布国的国家实践和法律确信的证据。国家手册反映了颁布国的立场，包括其关于有争议问题的立场。

根据盖瑞威的观点，一国规制武装部队的国内法律框架应该能使关于军事决策的规范持续不断地传达至基层，如从顶层的国家手册到战场上的"士兵武装冲突法知识卡片"。这种框架近似作战命令那种自上而下的金字塔结构。然而，尽管相似，国家手册应限定在武装冲突法的范围内以免变得过于冗长。

盖瑞威指出颁布手册往往会遇到两种困难。第一，武装冲突性质的不断变化会使得法律以及国家在其军事手册中采取的立场很快过时。第二，国际组织和国际性法庭越来越多地援引手册作为国家实践的证据——不仅仅是真正的国家手册，还有许多有问题的低级别政府部门的出版物——这促使各国为其手册设为保密文件或者附加免责声明、例外性声明。

盖瑞威认为，国家武装冲突法手册构成国家对其武装部队成员责任的一部分，因而终究是必要的。军人在情况不甚明确的情况下必须迅速做出生死决定，而且还必须遵守法律。既然政府要求其部队遵守法律，而且如有违反会受到惩罚威胁，那么军人有权知道对其行为据以判断的标准。

汉斯-彼得·盖瑟（Hans-Peter Gasser）提出了一个理论，即在武装部队中任命法律顾问和颁布军事手册是一枚硬币的两面。这两项措施背后的政策考量是一致的。它们要达成的目标也是一致的，即传播国际人道法并保证军事人员尊重该法律。

盖瑟主要是围绕 1977 年《第一附加议定书》第 80 条、第 82 条和第 83 条来展开他的讨论。[4] 第 80 条要求各缔约方采取一切必要措施以保证本法律被遵守。该一般义务可进一步派生出两项义务，一项是为部队提供法律顾问的义务（第 82 条），另一项是传播的义务（第 83 条）。颁布国家手册是传播的一部分。

根据盖瑟的观点，法律顾问的建议应涵盖习惯国际人道法和适用于非国际性武装冲突的法律。在平时，法律顾问应参与指令和行动计划的制定；在战时，他们的工作则主要是预防性的。法律顾问至少应配备至高级指挥官和重要指挥官一级。可以在现役军事人员和（或）军事司法人员、以及平民法律专业人士中招募具备必要的国际人道法专业知识的法律顾问。

盖瑟承认没有明确的条约义务要求国家颁布军事手册。但是，这种国际人道法的实用工具变得"必不可缺"。军事手册和法律顾问需要互相补充以实现其共同的目标。军事手册重申了颁布者保证尊重法律的义务，既协助武装部队成员做出决策，又为其提供训练所需资料。手册还有助于解释法律问题，促进习惯的发展并为未制定手册的国家提供模板。

大卫·图恩斯（David Turns）研究了军事手册对习惯国际法的意义。与普遍的设想相反，人们就此问题分歧颇大。各路评论的意见并不统一。手册起草者似乎不愿将其当作习惯法的证据，而各国国内的法官和国际法官们却好像更倾向于将手册视为习惯法的证据。

在图恩斯看来，军事手册主要构成法律确信的要素。然而，应该承认这并不排除手册还可以或者也还同时构成国家实践要素的可能性——特别是作为颁布手册的国家的言辞行为。手册既构成颁布国对现

---

4   Protocol Additional to the Geneva Conventions of 12 August 1949, and Relating to the Protection of Victims of International Armed Conflicts, 8 June 1977 ('Additional Protocol I') (https://www.legal-tools.org/doc/d9328a/), printed in Adam Roberts and Richard Guelff (eds.), *Documents on the Law of War*, 3rd ed., Oxford University Press, 2000, p. 422 *et seq.*

行法律的重述，又成为该国在特定情形下如何解释法律的重申，但手册本身不能创制新的法律。

图恩斯认为应在五大背景下考虑手册对于习惯法的意义。首先，手册的意义取决于手册起草者的素质、手册的官方地位、手册在政府部门体系中的官方归属、手册的目标受众以及手册传播的方式和范围。第二，如果手册被定性为权威指南而非备忘录或者建议，那么它就具有更大的意义。第三，手册的某些部分可能重述了手册颁布国对法律的解读，因此表明了该国的法律确信。其他部分，特别是包含新立场的部分相当于政策宣言，而这种政策宣言一般不被认为是法律确信的证据。第四，虽然手册可能只涉及到制定手册的国家，但其他国家可以借鉴手册中的某些立场而最终使之成为习惯。第五，从习惯武装冲突法的角度出发，一国在战时的实际行为要比该国在和平时期的立场更重要。

图恩斯得出的结论是，手册基本上是一国向其武装部队发布的"政治兼法律指南"，阐述了该国对现行法律的理解和解释。

接下来的讨论涉及三个主要领域，即武装冲突法军事手册的性质、国内地位及其对习惯法的意义。

几位与会者认为手册首先是用于行动指导和训练的实用工具。其中一位发言人认为手册有助于盟友之间彼此了解立场。后面发言的人员也多持这一观点。

对于手册还具备其他何种作用，与会者的分歧十分明显。一方面，有些人认为手册应严格限制在行动文件范畴内。对他们而言，手册仅仅是对法律的重述而不能构成新的法律。如果手册的制定者们基于政策而倡导某一立场，则应清楚地说明这种政策导向，因而手册本身对于其规制对象不具有约束力。在这种情况下手册也不必然表现为国家实践和（或）法律确信。关于习惯法，国家的实际行为——特别包括它们对于其他国家实践的反应——比该国军事手册的内容更重要。因此法庭在断定习惯法是否存在以及其内容时，应该保持谨慎而不要太过依赖于军事手册。

另一方面，有些人主张并不存在某种强制性的限制来决定手册应有哪些法律效果。他们提出每个国家可以自由地赋予军事手册以其认为合适的法律地位。在一些国家，如瑞士，军事手册是具有约束力的法律文件。同样，在他们看来，军事手册显然还构成国家实践的证据。即使手册中的部分内容仅构成政策声明而非法律解释，由于有其他国家的支持，这些内容也可能转化为应然法，而最终成为实然法。换言之，手册不仅可被用于静态地重述现行法律，而且还可被用以动态地推动了法律创新和进步，二者均是名正言顺的。

3.2. 编撰军事手册的经验

安东尼·P·V·罗杰斯（Anthony P. V. Rogers）将英国使用武装冲突法手册的经验追溯至 1914 年。那一年官方出版的《军事法手册》中已加入了关于陆战法规的一个章节。该手册于 1936 年被修订。一本新的《军事法手册：陆战法》于 1958 年问世。[5] 该文本阐释了第二次世界大战的经验和 1949 年《日内瓦四公约》的规定。[6] 1977 年《附加议定书》[7] 的通过促使该国制定新的联合军事手册。

罗杰斯指出，2004 年版《英国手册》[8] 的起草工作始于 1978 年，并在 1986 年形成完整的手册初稿。由于各北约盟国在批准两部《附加议定书》的问题上态度不同，致使它们不能对争议性问题共进退并在各自手册中就这些问题采用相同的法律语言。1986 年《英国手册》的草案经过了多次修改，包括在 1991 年海湾战争之后的修改。英国于 1998 年批准了两部《附加议定书》。最新的手册草案将科索沃和阿富汗的情况考虑了进去，并已在 2003 年伊拉克战争中得到测试。新手册于 2004 年出版。

---

[5] *The Law of War on Land*, being Part III of the *Manual of Military Law*, Vol. XXVI, Her Majesty's Stationery Office, London, 1958.

[6] Geneva Convention for the Amelioration of the Condition of the Wounded and Sick in Armed Forces in the Field of August 12, 1949 (https://www.legal-tools.org/doc/db95d2/); Geneva Convention for the Amelioration of the Conditions of Wounded, Sick and Shipwrecked Members of Armed Forces at Sea of August 12, 1949 (https://www.legal-tools.org/doc/06e799/); Geneva Convention Relative to the Treatment of Prisoners of War of August 12, 1949 (https://www.legal-tools.org/doc/365095/); Geneva Convention Relative to the Protection of Civilian Persons in Time of War of August 12, 1949 (https://www.legal-tools.org/doc/d5e260/). These conventions are printed in Roberts and Guelff (eds.), 2000, p. 197 *et seq*., see *supra* note 4.

[7] Additional Protocol I, see *supra* note 4; Protocol Additional to the Geneva Conventions of 12 August 1949, and Relating to the Protection of Victims of Non-International Armed Conflicts, 7 December 1978 ('Additional Protocol II') (https://www.legal-tools.org/doc/fd14c4/). The latter protocol is printed in Roberts and Guelff (eds.), 2000, p. 483 *et seq*., see *supra* note 4.

[8] United Kingdom, Ministry of Defence, *The Manual of the Law of Armed Conflict*, Oxford University Press, 2004 ('UK Manual').

在罗杰斯看来，对于如何起草《英国手册》，人们最初有不同的意见，最后决定采用学术和军事相结合的方法起草手册。手册吸收了 1994 年《圣雷莫手册》[9] 以代替早前版本中的海战一章。手册没有独立的章节来阐述中立，而且除了偶尔提到人权法的一些规则外，基本上没有涉及人权法。

罗杰斯强调当条约条款不一定清楚因而需要解释时，对于手册的需求就会不断增加。如果一国决定颁布手册，提前解决某些问题是明智之举。这些问题包括如何界定该文件的法律地位和读者群；应编撰成为法律教材还是行动手册，并相应地应采取什么样的编排设计；文件的起草者是谁和起草方法如何；文件的范围和内容是什么；文件处理条约语言的方式如何；文件以电子形式还是以纸质形式发布，是装订成册还是活页版本等等。

威廉·J·芬瑞克（William J. Fenrick）认为加拿大作为一个国家其自我认知是非军事性的，对国防开支缺乏热情，强调国防问题上的协作。因此，北欧国家有可能会对加拿大起草武装冲突法手册的经验颇感兴趣。

芬瑞克回忆到，直到 20 世纪 70 年代中期为止，加拿大军人受到的武装冲突法的训练还是很有限的。然而到了 1980 年，加拿大就起草了它的第一部手册草案。这部手册草案涵盖了陆战、海战和空战的内容以及 1977 年两部《附加议定书》，可谓首开先河。1984 年，加拿大起草了第二部完善且可被付诸使用的草案，它以加拿大批准两部《附加议定书》为假设基础（加拿大于 1990 年批准了这两部《附加议定书》）。这部手册既未经官方批准，也没有法语版本，虽然只是一份草案，但它逐渐在加拿大国内外被广泛使用。2001 年加拿大制定了《联合条令手册》。[10]

芬瑞克指出《加拿大手册》（即《联合作战条例手册》）系由国防参谋长正式发布，但未经其他政府部门批准。这部手册是主要为指挥官、参谋军官和武装冲突法教官设计的辅助其工作的出版物，具有实用

---

9 Louise Doswald-Beck (ed.), *San Remo Manual on International Law Applicable to Armed Conflicts at Sea*, Cambridge University Press, 1995.

10 Office of the Judge Advocate General, *Joint Doctrine Manual Law of Armed Conflict at the Operational and Tactical Levels*, B-GJ-005-104/FP-021 (https://www.legal-tools.org/doc/075582/).

性。因此，这部手册既不是面面俱到的教科书，在范围上也非详尽无遗。例如，像诉诸战争权这样的问题就不会在手册中涉及。手册本身不具有法律约束力。

芬瑞克评论认为，加拿大也借鉴了外国的手册，并派遣军队律师至国外参加武装冲突法培训。然而，尽管有越来越多像《英国手册》这样的国家出版物，每个国家原则上应对武装冲突法有自己的思考。虽然现代军事行动归入哪一法律范畴可能还不是很清楚，但在国家层面制定武装冲突法手册和采取法律政策的需求却不会因此而减少。

芬瑞克还谈到了他自己对军事手册起草工作的思考。除了提到罗杰斯的观点之外，芬瑞克还强调法律研究工具和武装冲突法手册不能相互代替，武冲突法手册的内容应限定在武装冲突法上。他强调该手册应涵盖武装冲突法的所有方面，尤其应包括敌对行动，而且手册本身不会保证武装冲突法得到遵守。

沃尔夫·海因茨舍尔·冯·海内格（Wolff Heintschel von Heinegg）在他的论文中检讨了 1992 年的《德国手册》。[11] 在早期的筹备工作中，德国在国际上进行了广泛的咨询。这部手册不仅编纂了德国批准的条约，而且重述了对德国及其军人有法律约束力的条约法和习惯国际法。这部手册构成德国国防部《联合服役条例》（Zentrale Dienstvorschrift）的一部分，根据德国法律它有正式的法律约束力。这部手册同时还构成一项政策声明，故应被定期审查。

根据冯·海内格的观点，《德国手册》严格遵循了 1977 年《第一附加议定书》和其他德国为缔约方的国际条约。这种方法造成了两项困难。首先，德语不是这些文件的原始语言，因而这部手册必须依赖对这些条款的官方德语翻译，这会产生文本上的偏差。第二，这部手册仅仅重复了这些条款，而没有阐明德国对这些条款的解释。

冯·海内格认为《德国手册》并未区分国际性武装冲突和非国际性武装冲突。该立场究竟是实际反映了现行法律还是德国自身的政策，还有待观察。此外，这部手册中的中立法和海战法内容需要更新。手册还应增加关于其他军事行动的章节，例如维持和平行动与强制和平行动等。

---

[11]　ZDv 15/2 *Humanitäres Völkerrecht in bewaffneten Konflikten*, Handbuch, 1992 (https://www.legal-tools.org/doc/i0flex/).

冯·海内格总结认为,《德国手册》总体上是成功的,它传达了德国关于武装冲突法的立场,德国的官员和盟友均可从中受益。但是,手册所涉范围有限而且自其于 1992 年颁布已经过了相当长的时间,因而还是存在问题。颁布手册不仅可以使一国阐明其立场,而且还可以促进法律的发展。然而,手册在本质上应具有国家属性,因此在即便是在具有紧密联系和相似条约义务的国家间制定区域性手册仍然存在困难。

迭特·弗莱克(Dieter Fleck)将军事手册视为国家用以努力保证国际人道法得到尊重的重要工具。近年来,随着非对称武装冲突的出现和对新型和平行动的越加依赖,国家尊重法律的努力也面临压力。这些行动不仅包括传统的维持和平行动与强制和平行动,也包含缔造和平行动与战后建设和平行动。

弗莱克论证认为不应夸大国际人道法在维和人员的决策中发挥的作用。实际上,现代和平行动包含了多种行动,除了国际人道法规则和原则之外,其他国际公法规则和国内法规则也同样适用。

在弗莱克看来,维和人员真正更加关心的是执法而不是敌对行动。例如,他们受到严格的"逮捕而非击毙"规则和人身保护令相关规则的约束。的确,在敌对行动中采取特定措施会违反国际人道法,而同一措施在警察行动中就不一定违法(例如,使用催泪瓦斯)。然而,在其他环境下,国际人道法——在武装冲突中相对于国际人权法而言成为具有优先性的特别法——对敌对行动具有更强的包容性。国际人权法本身则包含更为详细的关于和平行动的规定。尽管这两种法律之间有诸多重要的共性,例如基本的区分原则、比例原则和人道原则,但是他们之间也存在差别。

弗莱克倡导通过国际合作设计出令人信服的方案,以厘清执法和敌对行动之间的模糊地带。现行文件如 1999 年《联合国秘书长公告》[12] 和 1994 年《联合国安全公约》[13] 并未澄清模糊之处。一方面,公告的内容限于敌对行动,没有涉及存疑的领域,而这些领域中的问题则需要援引国际公法和维和部队派遣国的国内法予以解决。另一方面,《联

---

[12] Secretary-General's Bulletin: Observance by United Nations Forces of International Humanitarian Law, UN Doc. ST/SGB/1999/13, 6 August 1999, printed in Roberts and Guelff (eds.), 2000, p. 725 *et seq.*, see *supra* note 4.

[13] Convention on the Safety of United Nations and Associated Personnel (https://www.legal-tools.org/doc/6bfa73/), printed in Roberts and Guelff (eds.), 2000, p. 627 *et seq.*, see *supra* note 4.

合国安全公约》是否适用武装冲突的问题尚无定论。军事行动法手册的制定应通过国际合作完成。

与会者重点讨论了手册应提供的解决方案以及现有手册对于制定新手册起到的作用。会议还讨论了关于拘留的规则与和平行动中使用武力的规则。

与会者建议武装冲突法军事手册应提供实用性而非抽象的方案。例如，身处事实占领中的士兵需要具有实用价值的规则，而不一定是那些正式适用的规则。手册应将旧的规则转化为现代的解决方案。

在制定手册时是否应将其他已经发布的手册作为基础呢？与会者普遍给出了肯定的答案。然而，基于以下几种理由应保持谨慎。一个原因是有关版权的问题，另一个需保持谨慎的原因是国家手册通常包含颁布国的特定立场。参考现行国家手册的专家应认真地将法律陈述与政策阐述区分开来。

一位与会者评论认为和平行动中关于拘禁和使用武力的规则并不清晰。北欧国家可以进行有益的合作，就这些事项制定协调一致的法律政策。

3.3. 军事手册的范围和内容

罗伯塔·阿诺德（Roberta Arnold）讨论了《瑞士手册》[14] 如何设计刑事惩罚措施以处置违反武装冲突法的人员。对瑞士军事人员进行武装冲突法培训必须考虑他们多元的背景和不同的受教育程度。部署于战场上的人员往往会质疑法律的重要性，因此要确保他们熟悉武装冲突法规则，包括违反这些规则可能导致的后果，这种需求尤为迫切。

阿诺德讲到瑞士有两部联邦法律专门规定了对主要国际罪行的惩罚措施。原则上，普通法院执行《瑞士刑法典》，军事法院执行《瑞士军事刑法典》。需要强调的是，后者将所有违反国际人道法的行为——包括违反习惯国际人道法的行为——均规定为犯罪。

根据阿诺德的观点，《瑞士手册》力图为瑞士军官和士官就规制部队行为的法律框架问题提供实用的指南。随着瑞士陆军改革的完成以及瑞士对《国际刑事法院罗马规约》[15] 的批准，这部手册于 2005 年出

---

[14]　Rechtliche Grundlagen für das Verhalten im Einsatz, Reglement 51.007/IV.

[15]　此规约可从以下网址下载, 17 July 1998 (https://www.legal-tools.org/doc/7b9af9/).

版。由于瑞士军人愈发广泛地参与到新型行动中，如维持国内秩序和安全、维持和平等，这部手册有必要对这些行动进行阐释。

阿诺德认为，这部手册宣告了瑞士军事人员并非在法律真空中行动。这部手册不是行动手册而是条令，其本身对瑞士部队具有法律约束力，违反手册的行为将会招致刑事责任。具体而言，这部手册重申了个人刑事责任原则和指挥官责任原则，强调法律不接受以不知道法律或上级命令为由做出的辩护。这部手册也回顾了《瑞士刑法典》的相关规定和瑞士起诉违反武装冲突法行为的国际法义务。

威廉·H·布斯比（William H. Boothby）探讨了军事手册引入争议性法律问题的潜在情形。此类争议性问题的例子包括，诸如"非法战斗员"和私营安保承包商等人员的法律地位，直接参加敌对行动的概念，军事目标的定义，目标选择，武器规制，和人权。

在布斯比看来，武装冲突法动态性的本质意味着颁布手册的国家应保证对其手册进行定期审查并及时修正。如果一国可以证明手册中阐述的立场不能继续充分反映有效的法律，或者这个国家对法律的解释，那么这个国家应可以正当地偏离这原来的立场。然而，在手册中引入争议性问题仍需相当谨慎，因为手册可能于此后某个不巧的场合被援引以反对其颁布国。

布斯比认为，哪怕是富有争议性的法律难题，只要它属于手册所涵盖的主题，则手册仍应正面应对。手册是使法律得到提炼的管道，并可影响军队的训练及在战场上的行为。因此手册应完整地覆盖武装冲突法中的问题，以便应对战场上大概率发生和小概率发生的问题。更进一步而言，手册的发布国应明确表述它们对争议性问题所持的具体立场。

布斯比承认，将争议性问题转化为有利于实际执行的规则存在难度。然而，不去做此尝试则会增加法律被忽视或者实践与法律脱节的风险。仅仅因为这些问题有争议而不加以解决会使武装部队缺乏必要的知识，进而有损武装冲突法的训练。恰恰相反，直面法律难题或许可以催化生成明确的立场。此外，手册起草者们应保持警惕，以防将应然法解释为实然法。

路易斯·多斯瓦尔德-贝克（Louise Doswald-Beck）主张军事手册应该融入国际人权法，因为人权法适用于任何时期。与武装冲突法不同，国际人权法的适用既不取决于武装冲突是否存在，也不取决于武装冲突的类别。而且在国际人道法不明确之处，国际人权法还能起到补充和释疑的作用。

多斯瓦尔德-贝克接着就国际人权法的适用问题做了进一步阐述。首先，根据主流观点，国际人权法仅适用于国家。国际人权法不针对非国家行为体，例如，反叛武装和准军事部队等团体。这种缺陷可通过国家的勤勉义务——即国家自身不仅需要尊重人权，而且需采取必要行动保证人权得到尊重——得以部分修正。第二，法律的域外适用以管辖权为限，如有效控制和占领的情形。第三，多国和平行动使得践踏人权的行为可能被归责于政府间组织而非国家，而这会触发国际法人权法无法适用的问题。

在多斯瓦尔德-贝克看来，手册应该至少规定在武装冲突期间所有人权都很重要。手册内容还应包括具体的人权规范，有些不可克减的人权尤其关系到军事人员，例如，禁止任意剥夺生命、禁止酷刑和其他非人道及有辱人格的待遇或惩罚、强迫失踪和奴役。

此外，多斯瓦尔德-贝克还补充了其他重要的人权，例如，获得律师协助和由独立机构提供人身保护救济的权利。国家的勤勉义务还包含了调查被指控的践踏人权的行为。

弗朗索瓦·塞内绍（François Sénéchaud）从红十字国际委员会的工作经历出发，就军事手册在历史上发挥的作用及其价值做了说明。

塞内绍指出，国际人道法自 19 世纪便已承认军事手册作为传播和推动遵守国际人道法的工具的重要价值。根据 1977 年《日内瓦四公约》外交会议通过的决议[16]，红十字国际委员会制作了许多传播材料，例如《德·穆里南手册》。[17] 此外，红十字国际委员会还参与了 1994 年《圣雷莫手册》的编写，并于 1999 年出版《示范手册》。[18]

---

[16] Resolution 21 (IV): Dissemination of Knowledge of International Humanitarian Law Applicable in Armed Conflicts, Diplomatic Conference on the Reaffirmation and Development of International Humanitarian Law Applicable in Armed Conflicts, Geneva, 1974–1977, printed in Dietrich Schindler and Jiri Toman (eds.), *The Law of Armed Conflicts*, 3rd ed., Martinus Nijhoff Publishers/Henry Dunant Institute, 1988, pp. 728–729.

[17] Frédéric de Mulinen, *Handbook on the Law of War for Armed Forces*, International Committee of the Red Cross, 1987.

[18] Anthony P.V. Rogers and Paul Malherbe, *Fight It Right: Model Manual on the Law of Armed Conflict for Armed Forces*, International Committee of the Red Cross, 1999.

塞内绍认为国际人道法的规则和原则通常具有高度的概括性。军事手册则要帮助读者解释和厘清这些规则和原则。因此，手册必须撇开抽象概念而提供实际且实用的方案。

根据塞内绍的观点，手册必须符合以下条件才能被读者接受并有效利用。第一，手册必须能够提供相关法律解释和指导。这要求对法律的解释必须准确而简洁，手册的写作方式以及使用的语言和逻辑必须是其读者所已经熟悉的。第二，手册的编写需要基于正确的动机和对遵守国际人道法义务的由衷决心。第三，手册规制的对象应对手册具有认同感。

讨论者对将国际人权法融入军事手册的可行性持有不同的观点。一种观点认为，虽然人权法的重要性显而易见，但是人权法的适用范围会因国家的不同而不同，因情境的不同而不同。这种不确定性使得手册很难清晰而实用地阐明国际人权规则。

另一种观点则认为如果手册只关注一个国家，那么法律的不确定性就不会那么明显。一国的手册对本国人权义务加以阐明并不应该是难事。人权保护的确取决于具体情境，但这并不意味着国家手册中就不能写入那些可以适用于所有情景的国际人权规则。如果手册是针对高级官员制定的，那么关于人权的声明反倒更加重要。在拉丁美洲等区域更不应忽视国际人权法的重要性，因为那里的武装部队参加执法行动的频率要高于参加武装冲突。

讨论还涉及了人权规则在什么范围内适用于战后和平行动的问题。其中一个问题关涉"有效控制"。在一方实现了"占领"的情形中，我们可以明确判断"有效控制"的条件已经满足；然而在当军事行动还在进行中的情形下，"占领"是否还可等同于"有效控制"也就存疑了。另一个问题则与人身保护法相关——维和人员受这此义务约束吗？而各种人权机构的法理分析认为维和人员应受到约束。

也有人就《德·穆里南手册》是否构成《英国手册》等手册的合适替代品提出疑问；《德·穆里南手册》仅对知识点予以了编撰而没有对法律进行解释。就此疑问，有人指出《德·穆里南手册》完全是以国际观点写成的，而《英国手册》则是典型的国家文件。

3.4. 一部北欧国家通用军事手册是否可能？

梅兰德（Göran Melander）列举了赞成制定通用北欧军事手册的几种理由。北欧国家承担的国际人道法条约义务有大量重叠。它们也有类似的国防利益，即这些国家都厌恶战争并且在维和行动中发挥了突出作用。制定一部通用的手册将有助于参加国减少资源耗费。制定通用手册还可引导瑞典等国为促进执行国际人道法而采取措施。制定具有这种性质的通用手册需要北欧各国进行谈判，从而增进他们之间的关系。

梅兰德还列出了反对制定通用手册的理由。有论者认为，北欧国家彼此的安全利益不尽相同。有些国家是北约成员国，而其他国家则不是，因而制定通用手册可能是自寻烦恼。另外，民族自豪感也会成为制定通用手册的障碍。北欧各国在承担国际人道法条约义务的范围方面毕竟是有差别的，虽然这种差别不大。

梅兰德还补充说，为了北欧各国的利益，应该找到一种途径对其他国家已经发布的手册予以翻译。他还强调，制定手册并不一定意味着国际人道法在现实中得到成功落实；相反，制定手册很可能使人们不再注意国际人道法的执行。特别需要强调的是，国家应该在其各自的管辖范围内起诉战争罪犯罪嫌疑人。

在讨论中，多位与会者认为北欧国家如果不能制定一部通用手册，也应各自制定国家手册。

与会者认为北欧国家需要制定战场行动指南。在一些地区，例如苏丹达尔富尔，这种需求更为迫切，因为北欧作战部队将会在此驻扎，而且北欧各国部队之间还有其他形式的长期合作。这很可能促使各国制定一部通用手册，这种手册可能体现北欧的进步主义和创新精神。

有人指出，如果北欧各国在对待武装冲突法上的态度彼此相差太大，那么制定通用手册就不现实。列出北欧各国各种共同点和差异点是很有价值的第一步工作，甚至国家手册的筹备工作也会受益于这种国际合作。

有人指出，对北欧各国在维和问题上的立场予以协调，并不会是一项白费功夫的工作。北欧国家还需就一些问题做出决定，如是否应将适用于国际性武装冲突的法律全盘照搬适用至非国际性武装冲突中。

关于国际刑法对于军事手册的意义，有些与会者表现出矛盾的态度。国际人道法本质上是预防性规则，力图首先避免或最大程度地降低非战斗人员的伤亡，而不是要求违法者承担刑事责任。此外，只有当违法行为只是例外而不是普遍现象时，通过刑事制裁来执行国际人道法方能有效。在国际人道法普遍失效时，刑法本身也不能解决问题。国际人道法的执行不力需要更广泛的讨论，但或许这一问题本身与军事手册没有直接联系。

与会者还考虑到多国行动的交战规则经常附带的例外性声明。手册真的有助于减少这种声明和其他行动障碍吗？一位与会者评论道，手册更适合除涉及自卫使用武力以外的问题。武装部队出于自卫而使用武力问题是交战规则主要关注的领域，在此有些国家制定了比他国更严格的规则。许多多国维和行动均以具有政治色彩的联合国安理会授权为基础，而这些授权的模糊性与例外性声明的问题交织在了一起。另一位与会者指出这种国家声明通常涉及国际法和国内法都适用的问题，如对财产的保护。只有在严格意义上的武装冲突中，究竟是适用国内法、人权法还是武装冲突法的问题才会变得相对简单。无论如何，手册都应坚持武装部队在和平行动中严格尊重关乎人身保护令的各种规则。

在总结发言中，阿尔内·维利·达尔（Arne Willy Dahl）认为北欧武装冲突法手册既要协调各国的条约解释，同时又要具有明确性，的确是一种挑战。研讨会的组织者们可以集中提出一项提议供北欧各国国防部参考——如果后者认为可行，则可采取进一步行动。

4. 研讨会的初步成果

中肯地说，本次研讨会总体上完成了最初设定的四项主要目标。第一，本次研讨会为研究国家武装冲突法手册的性质和功能提供了大量的素材。我们听到专家们既将国家手册置于各颁布国的法律框架之内，又将其与习惯国际法相联系。第二，与会者不仅了解了主要国家手册的起源，并且还聆听了当初密切参与制定手册的当事人对制定过程的反思。研讨会追溯了英国、加拿大和德国手册的制定和设计过程中遵循的思想，并探讨了他国为制定新的国家手册而对这些已有手册进行改编的前景和局限。第三，一部完善的手册应有的范围和内容成为了研讨会热议的话题。从讨论中可以明显看出，和平行动对实用性法律指导的需求越来越迫切。讨论揭示出武装冲突法与国际人权法之间，以及武装冲突法与国际刑法之间十分复杂的相互作用。第四，本次研讨会认为，制定手册将成为国家在其军事人员中传播武装冲突法并确保该法得到遵守的必要步骤。

4.1. 何谓手册？

关于国家武装冲突法手册的定义或许没有独一无二的权威解释，但本次研讨会明确了它的几个特点——例如，手册具有特定的目标和读者群——这是国家手册具有的共性。同时，这些手册在诸如法律效力等关键问题上的差别很大。

在国内法律体系中，"国家武装冲突法手册"的法律地位通常高于其他武装冲突法文件。手册规制的对象通常是军官和同等级别的文职官员。因此，手册的内容与其他如"士兵武装冲突法知识卡片"这样的低层级出版物相比往往更加复杂和细化。手册是行动文件，因此必须实用。加拿大、德国、瑞士、英国和美国这几个主要手册制定国都坚持以实用为主。

然而，每个国家都具有决定手册性质和功能的自由。特别是，每个国家都可以决定其手册是否应该具有法律约束力。美国、英国和加拿大的手册本身不具有约束力。相反，德国和瑞士的手册在其各自的国内法体系中属于"条令"一类，因此对其规制对象具有约束力。正如图恩斯所评论的，此类差异主要可以归因于各国不同的法律传统。

若要衡量手册是否构成法律确信和（或）作为颁布手册国家的言辞行为的证据，或许可以认为有法律约束力的手册的分量要重于无约束力的手册。如果手册的法律约束力不仅可被追溯至它在国内法中的正式地位，也因为手册内容构成了当事国对自身受约束的武装冲突法规则的重述，则其证据分量更重。

手册在国内法上的地位还可能对符合或违反手册规定的行为所导致的法律后果产生影响。让我们设想一部有法律约束力的手册规定在特定情况下"你可以做 X 事"（例如，"你可以射击"），而新的习惯法则规定在相同的情况下"你必须做 Y 事，而非 X 事"（例如，"你必须执行逮捕，而非射击"）。让我们同时设想，做 X 事构此时成为新习惯法下的战争罪。那么，如果手册规制的对象执行了 X 事，则会产生什么法律后果？根据上述假设，规制对象做 X 事符合国内法，而从国际法的角度看，该行为虽构成犯罪，但在特定情况下，行为人或许可以主张法律上的错误来免除责任。[19] 同时，如果实施 X 行为可归于颁布手册的国家，则该可能会引起该国的国际责任。[20]

正如上例所示，对手册进行不断的更新和修订会降低规则之间产生冲突的风险。然而，正如冯·海内格所指出的，德国审查修订其于1992 年版手册已历时十五年。在阿诺德看来，《瑞士手册》是为了回应与瑞士武装部队相关的国际法和国内法的重大变化而颁布的。在战争和适用于战争的法律都快速发展的时代，使具有法律约束力的手册的内容符合习惯法变得更难。

不具有法律约束力的手册使其颁布者能够更加灵活地处理问题。布斯比的评论是有启发意义的——如果一国可以证明手册中阐述的立场再也不能充分反映有效的法律或者该国对法律的解释，那么这个国家偏离这种立场可能是合法的。显然，正是出于这种考量，英国在起草《英国手册》时写入了如下免责声明：

> 本手册旨在阐述 2004 年 7 月 1 日之法律。但女王陛下政府并不受此手册对有关法律所作的解释约束。至今已尽一切努力以确保手册的准确性，但手册必须根据法律的后续发展加以解释。[21]

诚然这种情形难谓理想，但是无法律约束力的手册和习惯规则之间的差别，与有法律约束力的手册和习惯规则发生规范性冲突的情形不同。遵守无法律约束力手册并不意味着国内法或国际法得到了遵守。反过来说也是一样的，即违反无法律约束力手册的行为，未必就构成对实际有效的法律的违反。

如果无法律约束力手册的内容与习惯法的内容相抵触，就会出现手册规制对象无法有效判断什么是合法行为的风险。为了避免这种风险，国家必须经常审查无法律约束力手册的内容。

---

[19] 参见，如，《罗马规约》第 32 条第 2 款规定了国际刑事法院具有属事管辖权的犯罪。

[20] 众所周知，国家的国内法既不影响国际不法行为的存在，也不影响由该行为引起的各种责任。See, for example, Draft Articles on Responsibility of States for Internationally Wrongful Acts, annexed to UN Doc. A/RES/56/83 as corrected by A/56/49(Vol. I)/Corr.4, 10 August 2001, Articles 3 and 32 (https://www.legal-tools.org/doc/10e324/).

[21] UK Manual, 2004, p. x, see *supra* note 8.

4.2.　手册是否必要？

这次研讨会上很多人从不同角度维护军事手册的必要性。例如，在罗杰斯看来，手册可以破译越来越难以理解的条约语言以及复杂难懂的解释说明。与此类似，塞内绍认为国际人道法规则的用语太概念化以至不实用，而手册有助于澄清其内容。根据盖瑟的观点，军事法律顾问既需要也应该得到军事手册，以更有效地履行他们的职责。盖瑞威认为军人有权知道政府为其设定的行动标准。

然而，关于是否每个拥有军队的国家都要制定武装冲突法手册的问题仍有争论。显然，国家有义务在其军事人员中传播国际人道法并确保该法得到尊重。手册可以成为促进国家履行这些义务的一种手段。但是，决不能由此得出结论认为，没有制定手册的国家就没有履行义务。与制定手册的可取性不同，制定手册的可行性取决于特定国家在制定手册时是否有规模经济效应（economy of scale），故不可一概而论。尽管手册重要而有效，但它不应被视为有效实施武装冲突法的唯一标准。正如芬瑞克、梅兰德和其他发言人所指出的那样，编撰手册本身不是目的。制定手册只是国家更广泛责任的一部分。

不过，反对编写手册的诸多意见中，其中之一确实在本次研讨会上得到了确凿的批驳。一些人担心手册会使国家失去了灵活而有创造性地应对突发事件的"回旋余地"。这种顾忌与现实恰恰相反。本次研讨会明确表明，没有手册常常导致对潜在的重要问题缺乏清晰而深思熟虑的指导。这将导致军事法律顾问在专业事项上缺乏准备，作战人员缺乏培训，因而对非战斗人员而言也更具威胁性。这种现状既对他们不公平，也不是一项明智的国家政策。预先阐明和传播国家立场将有助于律师和士兵负责任地应对瞬息万变的战场。

4.3.　如何制定手册？

上文指出，关于国家武装冲突法手册没有独一无二的权威定义。不过，一旦国家能就制定手册做出明智的决定，"什么才是手册"的问题就变得不重要了。问题并不在于一份具备特定特征的文件应否被称为"手册"（manual）。真正的问题在于，无论这些文件具体被称作什么，这些文件在各国的作者和读者是否对其性质及其功能具有共同的认识。

如果一份旨在为军事决策提供法律指导的文件得以被接受、理解和遵守，那么它应该是怎样的呢？本次研讨会的研究成果清楚地回答了这个问题：手册必须吸引读者，使他们认为手册内容与自己息息相关。这意味着手册文本需让读者觉得自己是被接纳包容的，才会得到他们的认同。有关当局对手册的批准、支持和建议十分关键，而且手册起草者们必须清楚读者需要实际法律指导的行动类型，必须使手册的内容在性质、范围和详略程度上符合指南的要求。为此目的，起草团队必须包括曾参加过军事行动而且具有行动信誉、经验和洞察力的成员。

起草者们还必须就手册的组织结构、方法论和涵盖范围取得一致意见。《英国手册》的制定过程证明，制定手册是一项正式的、长期的和精密的工程，需要大量的编辑、起草人及其他参与者的共同努力。加拿大制定的《联合作战条例手册》则构成了由小型起草团队承担非正式性任务的一个例子。《德国手册》则是在咨询了大量的国际专家和国内其他有关政府部门之后系统性地制定出来的。从语言学角度看，《德国手册》的制定也很有参考价值；与英国和加拿大的手册不同，《德国手册》是以德语写成，故需在编写过程中将以外文写成的条约条款及诸多国际专家意见进行翻译。

起草者们必须基于共同的方法论来开展工作。他们对国际法渊源和权威的认定必须始终如一。起草者应清晰地标示手册中超出实然法并构成应然法或政策倡议的指示。同理，一国在借鉴其他国家手册时也需注意实然法与应然法和政策的区分。

起草者们还需要确定手册的涵盖范围。手册应限定在国际人道法范围内，还是应包含国际人权法和国际刑法？手册应不仅涉及武装冲突局势，而且还应涉及其他军事行动吗？有些与会者坚定地主张，武装冲突法手册的内容应限于在武装冲突法，即它是关于武装冲突法的手册，不应轻易涉及其他情形和（或）其他法律；其他与会者则认为手册的内容应更具包容性，国际人权法适用于武装冲突，维和人员故需要依据人权标准适当行事。

上述分歧并不仅仅涉及手册的范围，更反映出适用于维和部队活动有关规则本身的模糊性。无论具体以何种规则为准，出兵国都应采取明确立场并式发布清晰的指令。

4.4. 北欧国家现在怎么办？

这次研讨会产生了几项关于北欧国家的结论。会议认为制定关于和平行动的北欧通用规则指南的需要日益增长。对这些问题和其他问题表达立场不仅有利于北欧各国自身，而且还有益于其盟友。因此，北欧各国有充分的理由来考虑制定某种类型的手册。

令人鼓舞的是，挪威似乎正计划制定国家手册项目。从早期情况看，这部手册会使用英语编写。其他北欧国家发起的类似项目也似乎逐渐成形。这种发展趋势有可能最终促成区域性手册吗？这种区域性手册的可取性和可行性尤其取决于手册的范围和北欧各国法律立场的趋同程度。北欧各国可能在诸多单独事项上的立场较为接近，因此有可能制定限于这些事项的通用手册。但是仅有这些因素还不足以促使各国制定一部通用的武装冲突法手册，因为北欧各国之间总的分歧还不能最终弥合。在此，我们无法确切地知道各国立场在何处以及在何种程度上会存在趋同或分歧，我们需要对这一区域内的武装冲突法进行比较研究。

5. 备忘清单

我们制作了备忘清单如下，以便为考虑制定新手册的国家提供帮助。备忘表的范围和内容是通用性质的，因此还需要根据具体情况做出调整。为了实现完整性，备忘表会从不同角度和以不同的标题多次涉及某些事项。

5.1. 初步事项

——贵国真的需要一部武装冲突法手册吗？为什么？为什么现在需要？

目前是否出现主张制定手册的呼声？如有，主张制定的理由是什么？还有什么其他支持制定手册的潜在理由？

目前是否出现反对制定手册的呼声？如有，反对的理由是什么？还有什么其他反对制定手册的潜在理由？

你希望手册会给当前贵国传播和遵守武装冲突法的工作带来哪些具体改进？为了这些改进而专门制定一部手册是否必要？

制定手册的想法是否会得到相关军事和（或）政治当局基于充分信息所做出的支持决定？这种支持是否坚定？当局会为制定手册提供必要的时间、资源和设施吗？

——手册的目的和功能是什么？

手册会被如何使用？手册会被用作律师的参考书，指挥官的行动手册，教官的训练教科书，对公众读者或外国读者发布的正式声明，亦或其他工具？

手册旨在针对哪些使用者？他们具有何等层级的职位和责任？他们涵盖陆军、海军、海军陆战队和（或）空军的人员吗？军队体制内与（或）外的文职人员，例如法律顾问、法官、检察官、顾问、外交官和安全部队的成员，也应被视为是手册的使用者么？

你是否预期包括学术界、外国和国际司法机构、政府间组织和非政府间组织在内的其他主体也会对此手册加以利用？

——手册将在贵国军事条令体系中居于何种地位？

手册对其指导对象有法律约束力吗？如果有，符合或不符合手册指令的行为在国内法上会产生什么后果？

手册是否会被视为是贵国就自身国际法义务所发表的权威性声明（authoritative statement）？抑或手册将附带某种免责声明（disclaimer）？手册是公开的还是保密的？

贵国将会由哪个政治和（或）军事当局批准和颁布手册？

是否存在诸如小册子、备忘录、建议书和口袋卡片这样其他的武装冲突法指南？这些工具各自都有什么目的、功能和受众？它们彼此之间以及它们与手册之间都具有什么样的等级关系？有无相应程序以保证这些指南的内容之间协调一致？

与例如各级指挥机构发布的交战规则和用于各种作战环境的交战规则这样的作战指令相比，手册的地位究竟如何？

——手册在更广泛的武装冲突法实施体制中处于什么地位？

会为手册读者制定何种训练计划？不同读者群按手册进行训练的频率和程度如何？

除了发布和传播手册之外，还应采取了哪些额外措施以保证军事人员熟悉并遵守武装冲突法规则？

5.2. 筹备与执行

——谁会参与手册的起草工作？

会由军队律师主导起草过程吗？不同军种会有各自的代表吗？那些在军事行动中具有信誉、经验和洞察力的人员会参加吗？

文职人员和法学家会参与起草过程吗？如果是，他们会以什么方式和在多大程度上参与其中？

不具有法律背景的各种读者群体成员会参与起草工作吗？如果是，他们会以什么方式和在多大程度上参与其中？

如何统筹起草团队？这一团队的规模是大还是小，是正式的还是非正式的？谁将负责指导和（或）管理这一项目？谁将承担编辑责任？

会征求国防体制之外的政府各部和各个机构的意见吗？如果是，应该在起草程序的哪一阶段以及在什么程度上咨询其意见？

会咨询国际专家的意见吗？如果是，应该在起草程序的哪一阶段以及在什么程度上咨询其意见？以什么标准选择国际专家（例如，专业知识、盟友关系或组织关系、法律传统）？

——手册涵盖哪些法律领域？

手册是联合军种出版物还是单一军种出版物？

手册只涉及贵国直接关切的问题领域吗？如果是，具体涉及那些领域？你会如何处理贵国不是特别关切的领域？亦或手册会涵盖所有武装冲突法的传统领域？

手册会特别涉及如和平行动和平叛作战等新出现的问题领域吗？

手册会涉及如国际人权法、国际刑法和诉诸战争权等相关国际法领域吗？

——起草者们采用怎样的方法论？

贵国近期有可能签署和（或）批准相关条约吗？贵国可能做出保留和（或）附加解释性声明吗？这些措施对手册的内容会产生怎样的影响？

可适用的条约条款会以什么方式被纳入手册？需要将条约文本语言翻译为另一种语言吗？手册会逐字逐句地复制这些条款吗？抑或手册会对条款进行演绎改述？手册会对贵国关于这些条款特定解释予以阐明吗？

手册会在什么程度上以及采用什么方式来参考外国手册？是否会有清晰而一致的关于如何对待外国手册的起草和编辑的方针？

手册会如何处理有争议性的领域，例如如何认定某些个人的法律地位，以及像是武器规制和武装冲突类型等演变迅速的领域？

体现现行法的立场得到明确的标注了吗？如果可能，手册如何在不损害其清晰性和简洁性的情况下讨论模糊领域和（或）反对观点？

体现政策的立场得到明确的表达了吗？手册会对其吸纳的特定政策立场进行解释吗？

如果可能，手册会在多大程度上吸收国内法的相关规定？

手册以什么方式和在多大程度上会举例阐明特定问题？手册会利用假设事例和（或）历史事例吗？手册在多大程度上会利用外国事例？

——手册采取什么编排格式？

手册会根据标准法律标题来设定结构吗？或者手册会根据军事行动环境的标题来设定结构吗？

手册会集中装订成册吗？或者手册采取活页形式吗？

只有纸质版的手册吗？或者只有电子版的手册？或者两种形式都有？

手册会包含相关条约规定和（或）国内法规的附件吗？

某些读者群是否需要额外的材料，例如附有注解的附录和文件集？

——你如何检测手册的针对性和读者友好程度？

会为读者留有试用手册的时间吗？

会为起草者和编辑留有收集读者反馈信息并据此修改手册的时间吗？

5.3. 手册编撰后的后续事项

——是否设立一种机制，用以监督、收集和分析贵国及盟友、敌国和（或）第三方在参加实际军事行动中得到的法律教训？

——是否设立一种机制以监督、收集和分析相关法律发展，例如国家和国际司法判决、立法、宣言和声明、条约和学术文献？

——手册如何进行审查、更新和修改？

对手册的补充、更新、修改和其他修订工作的频率会是怎样的？

如何以及如何有效地对手册的补充、更新、修改和修正进行筹备和批准，并将其传达给读者？会针对手册的补充、更新和修改组织编撰人员定期和（或）特别训练吗？

会议论文集

1

欢迎致辞

特吕格弗·G·诺德比 （Trygve G. Nordby）[*]

亲爱的朋友们和同事们：

我代表国际刑事司法和冲突论坛[1] 以及所有本次研讨会的组织者，热烈欢迎各位来到亨利·杜南厅。

我们相聚于此探讨在武装冲突中如何促进对国际人道法的遵守，很合时宜。亨利·杜南曾有一个愿景，他相信即使在战争时期，人类仍能减少痛苦。在他的推动下，法律前进了一大步，1901 年第一个诺贝尔和平奖颁发给他至为公正。由此发源，国际人道法已经发展演化了一个半世纪。这是一套保护不直接参加敌对行动人员的法律。1949 年《日内瓦四公约》已经被所有国家所接受，它们不仅适用于国家，而且还适用于个人。在当今全球化和相互依存的世界中，国际人道法是为一种普世性的公共产品。这部法律的原则和规则每天保护着成千上万人的尊严。

《日内瓦四公约》及其《附加议定书》可以用不同的方法进行解释。为了武装部队的利益，军事手册可以帮助阐明条约条款。

挪威红十字会仍未决定制定军事手册是否代表正确的发展方向。但我们一直欢迎就任何能为战场上士兵提供明确行动指导的工具展开讨论。在本次研讨会期间，我们会一起研究军事手册的作用和功能。我特别鼓励大家听取已经引入手册的国家的不同经验，我还希望我们可以就手册是否必要，及应包含什么内容交换意见。我将交由在座的诸位来就其中的具体问题展开阐述。

亲爱的朋友们和同事们，欢迎大家来到亨利·杜南厅，并希望这次讨论取得丰硕的成果。

---

[*]　特吕格弗·G·诺德比（Trygve G. Nordby）是挪威红十字会的秘书长。

[1]　编者按：2008 年 8 月，本论坛更名为国际刑法和人道法论坛。

主题一：军事手册的基本元素

2

开场致辞

阿尔内·维利·达尔 （Arne Willy Dahl）*

　　我对武装冲突法的认识是逐渐积累起来的。1970 年前后，我在挪威陆军接受基础军官培训的时候，开始接触到了 1949 年《日内瓦四公约》[1] 以及挪威陆军关于如何对待战俘、如何佩戴红十字臂章的规则。当时也有一两本关于武装冲突法的书籍，但我完全不知道它们的存在。直到 20 世纪 80 年代，挪威批准了 1977 年两部《附加议定书》，[2] 当时我正在陆军军官学院教授国际战争法。我在工作期间开始认识到《日内瓦四公约》与其《附加议定书》之间的复杂关系。有些规则是新订立的，有些规则构成了对旧规则的修订，还有些规则超越其原有适用范围并得以适用于新的对象或新的情形。这些公约条款错综复杂，却被一股脑地丢给了武装部队，后者被要求适用这些复杂的条款。当时作为挪威陆军学院的教师，我参考了著于 20 世纪 80 年代的一本书，书中阐释了《附加议定书》，但是却没有提及关于解释和实施议定书内容的各种官方立场。

---

* 　阿尔内·维利·达尔（Arne Willy Dahl）是挪威武装部队的总军法官（Judge Advocate General）。

[1] 　Geneva Convention for the Amelioration of the Condition of the Wounded and Sick in Armed Forces in the Field of August 12, 1949 (https://www.legal-tools.org/doc/db95d2/); Geneva Convention for the Amelioration of the Conditions of Wounded, Sick and Shipwrecked Members of Armed Forces at Sea of August 12, 1949 (https://www.legal-tools.org/doc/06e799/); Geneva Convention Relative to the Treatment of Prisoners of War of August 12, 1949 (https://www.legal-tools.org/doc/365095/); Geneva Convention Relative to the Protection of Civilian Persons in Time of War of August 12, 1949 (https://www.legal-tools.org/doc/d5e260/). See Adam Roberts and Richard Guelff (eds.), *Documents on the Law of War*, 3rd ed., Oxford University Press, 2000, p. 197 *et seq.*

[2] 　Protocol Additional to the Geneva Conventions of 12 August 1949, and Relating to the Protection of Victims of International Armed Conflicts, 8 June 1977 ('Additional Protocol I') (https://www.legal-tools.org/doc/d9328a/); Protocol Additional to the Geneva Conventions of 12 August 1949, and Relating to the Protection of Victims of Non-International Armed Conflicts, 7 December 1978 ('Additional Protocol II') (https://www.legal-tools.org/doc/fd14c4/). 这两部议定书已收入上注，第422页。

  我是慢慢意识到各个大国此后都不会批准《附加议定书》。我们应当在北欧国家的联合行动中将此现实纳入考量，因为它使情况更加复杂。新条约也继续不断出现，特别是包括禁止特定武器和保护文化遗产的新条约。红十字国际委员会后来开启了武装冲突法的习惯法研究，并于 2005 年发布了相关研究结论。[3] 国际人权法正在变得愈发重要，在和平行动中尤其如此。普通军官应该如何处理这些法律问题？它们对律师来说都已经够复杂的了。归根结底，武装冲突法到底是什么？或许我们可以将其总结为是，"开枪还是不开枪，这是个问题"。

  有些合适的书籍能提供一些帮助。我就曾写过一本与此相关的书，但是学术学理的阐述对决策者的帮助不是很大。例如，过去几周挪威媒体讨论了医疗人员操作机枪的问题。那样做合法吗？明智吗？我们应如何理解这个问题？《日内瓦四公约》规定，医疗人员个人随身携带轻武器、或用轻武器进行自卫或保卫他们的病人，并不使其失去法律上的受保护地位。但是如果换做其他武器，这一条也适用吗？这是有争议的。法律顾问可以说，无论这样做是否合法，让医疗人员操作重武器是不明智的。而下命令禁止医疗人员操作重武器则需要军事决定。我认为，我们需要一份文件来为军官和士兵有效实施这些法律规范提供可操作性的指南，而非是在提供学术性建议。

  什么是军事手册？我们今天就要来讨论。让我试着给军事手册下一个定义：军事手册是一份读者友好型的文件，它包含了一国有关落实武装冲突法各个方面的讲解，对法律予以特定解读的官方决定，以及军事命令。我们需要追问的是，此类手册是否应该具有国际性质，以及它是否可能具有国际性质？手册最后会到谁的手中？手册应由各国武装部队还是红十字会来制定？具体应由哪些人来编写手册？我无法回答所有这些问题。我希望在今天的讨论结束之后，我们能够得到关于这些问题更清晰的答案。在第一组讨论中，我们要探讨军事手册的基础性问题。

  发言人是查尔斯·盖瑞威（Charles Garraway），他是英国皇家国际事务研究所（Chatham House）的副研究员和伦敦国王学院（King's

---

[3] Jean-Marie Henckaerts and Louise Doswald-Beck, *Customary International Humanitarian Law*, Cambridge University Press, 2005 (https://www.legal-tools.org/doc/78a250/).

College London）的访问教授，也是《圣雷莫适用于非国际性武装冲突的国际法手册》的作者之一。[4] 接下来有请他的发言。

---

[4] International Institute of Humanitarian Law, *The Manual on the Law of Non-International Armed Conflict*, Martinus Nijhoff Publishers, 2006, in Michael Schmitt, Charles Garraway and Yoram Dinstein, "The Manual on the Law of Non-International Armed Conflict", in *Israel Yearbook on Human Rights*, 2006, vol. 36, p. i *et seq* (https://www.legal-tools.org/doc/ccf497/).

3

军事手册、行动法与武装部队监管框架

查尔斯·盖瑞威 （Charles Garraway） *

为什么要为一部手册而费脑筋呢？实际上，一部手册带来的麻烦要比值得为它费的脑筋还要多。人们会引用你手册中的内容来反过来针对你，并在法律诉讼程序中援引它。那么，根本不去编撰手册以保持更大的灵活性，岂不是更好吗？

上述略带失败主义的情绪，的确存在于一部分人当中。但这就仿佛政客在其职业生涯中缄口不言，以为这样就没有人会反对他了。而陆地上的士兵，以及海上的海员、舰艇船员和空中的飞行员则是没有时间骑墙观望的。他们必须在极短时间内，在无暇过多思考和信息有限的情况下做出决定，而这常常是生与死的决定。他们没有国际法专业学位，事实上他们中很多人根本没有受过多少教育，然而他们往往肩负重任。在现代战争中，战术行为也能导致战略性后果。美军在伊拉克阿布格莱布监狱的虐囚丑闻将会影响我们之后的几代人。问题是如何起草出一整套能涵盖从战略到战术的清晰的命令指南。军事手册能在这个问题上发挥什么作用？

我们首先必须先对关键术语进行定义。"手册"（manual）一词在不同语境中被使用。有一类属于"国际性手册"（international manual），通常是用来统一国际法观点，目的是在条约谈判程序之外促进国际法的发展，例如出版于 1880 年 8 月 9 日的《牛津陆战法手册》[1]，其序言写到：

> 国际法学会无意倡导订立一部新的国际条约；起草这样一个条约的时机尚未成熟，且无论如何都很难达成。然而，研究院的章程要求它为各国遵守战争法及其他目标做出努

---

* 查尔斯·盖瑞威教授，曾作为 2004 至 2005 年度国际法斯托克顿教授受聘于美国海战学院，现任伦敦国王学院的客座教授，英国皇家国际事务研究所副研究员，埃塞克斯大学（University of Essex）人权中心访问学者。

[1] *The Laws of War on Land*, manual published by the Institute of International Law, 1880, printed in Dietrich Schindler and Jiri Toman (eds.), *The Law of Armed Conflicts*, 3rd ed., Martinus Nijhoff Publishers/Henry Dunant Institute, 1988, p. 36 *et seq.*

力。为各国政府提供一份手册以期成为各国立法的基础，是履行研究院使命的一种方式。此种努力亦响应了法律科学的进步和世界对文明化军队的需要。

手册不包含任何草率的、极端的规则。研究院在起草手册时并不追求创新，而是在正当性与实用性的基础上要求阐述清楚明白，将已在当今得到接受的观念进行编撰。[2]

1994 年的《圣雷莫适用于海上武装冲突的国际法手册》（以下简称《圣雷莫手册》）[3] 是当代此类手册的例子。这些手册在国际法发展中具有重要作用，但却不是我们在这里要讨论的对象。我们讨论的主题是国家手册，可以从国际和国内两个维度剖析这一现象。在最高的国际层面上，国家手册可以成为发布国国家实践与法律确信的证据。这些手册当然会涉及到有争议的内容，手册的目的并非要促成国家间的共识，而是要反映发布手册的国家的立场。手册本身并不构成国际法，但是手册不可避免会被援引作为"国际习惯，被一般实践接受为法律的证据"。[4] 而在稍微低一级的国内层级上，国家在发布手册时也需满足一些要求。根据 1907 年《陆战法规和惯例公约》（1907 年海牙第四公约）第 1 条，手册应构成缔约国对本国陆军发出的"训令"（instructions）。[5] 从最低的国内层面看，这类训令需要被继续简化。在英国，当士兵执行具体军事行动时，会被配发一个小小的"武装冲突法卡片"，卡片上写有士兵们在行动中的应遵循事项及禁止事项（dos and don'ts）。卡片上都使用简单易懂的语言，便于理解和执行。它又有别于交战规则（rules of engagement，缩写为"ROEs"），后者中既包括军事行动指南，也包括政治方面的指南。交战规则的内容常常浓缩到一张卡片上。

"手册本身不是目的，而是获实现特定目的一种手段。"[6] 认识到这一点很重要。在一国内部需要大量信息，而且这些信息是相互关联

---

[2] *Ibid.*, p. 36. 原文添加着重号。

[3] Louise Doswald-Beck (ed.), *San Remo Manual on International Law Applicable to Armed Conflicts at Sea*, Cambridge University Press, 1995 (https://www.legal-tools.org/doc/118957/).

[4] 《国际法院规约》第38条第1款第2项，参见 Ian Brownlie (ed.), *Basic Documents in International Law*, 5th ed., Oxford University Press, 2002, p. 319.

[5] Convention (IV) Respecting the Laws and Customs of War on Land, 18 October 1907, Article 1, printed in Schindler and Toman (eds.), 1988, p. 71, see *supra* note 1.

[6] Michael Reisman and William Lietzau, "Moving International Law from Theory to Practice: The Role of Military Manuals in Effectuating the Law of Armed Conflict", in *International*

的。从作战行动的角度来看，交战规则通常是由政府高层许可批准的；这些规则按照指挥层级序列自上而下地传递，直到到了士兵这里成为了简单的可以或不可以的行动规则。每一层级指挥官可以对这些规则做一些相应的调整，但是他们都只能在高层政府批准许可的战略指南范围内采取行动。如果政府已经决定由于政治原因不能使用一种特定的武器，那么下级指挥官也不可能自行授权使用这种武器，即便在法律上使用这种武器是合法的。

如果作战行动的要求遵循如此逻辑，那么法律的要求也是如此。从底层开始并且自下而上地设定规则并不明智。如果希望武装部队人员依照法律行事——如果他们不依法行事就有可能在国内和国际性法庭遭到起诉——那么他们至少有权知道审判他们的法律标准是什么。

我可以举例来说明。美国陆军军法局法律中心和学校（US Army Judge Advocate General's Legal Center & School）下设的国际法和军事行动法部[7]在其颁布的《军事行动法手册》（Operational Law Handbook）序言中，将手册形容为"一部指导军法官实施军事行动法的操作指南"。[8] 这部手册涵盖了"军事行动法"所涉及的诸多不同领域，除了财务法规与行政法规外，也包括了"战争法"。关于美国政府对 1977 年《第一附加议定书》官方立场的问题已经讨论了多年。美国签署了这部条约但却没有批准。里根总统在游说议会不批准《第一附加议定书》时说，虽然这部条约有"一些值得称赞的因素"，但它"在最基本的问题上却有着无法弥补的缺陷"。[9]这就导致人们常常需要分析判断，《第一附加议定书》中到底哪些部分属于美国承认的习惯法，因此对其具有法律约束力，而哪些部分不被美国接受为习惯法。多年来，学术界和法律实务工作者往往将时任美国国务院副总法律顾问迈克尔·马瑟森（Michael Matheson）的一篇文章视为美国对《第一附加议定书》的某些条款所持立场的权威解读。[10] 2005 年《军事行动法手册》的文本亦

Law Studies, vol. 64, no. 1, p. 12.

[7]   International and Operational Law Department, *Operational Law Handbook*, The Judge Advocate General's Legal Center & School, 2007 ('Operational Law Handbook') (https://www.legal-tools.org/doc/a32lw1/).

[8]   *Ibid.*, p. ii.

[9]   Letter of Transmittal, 29 January 1987, printed in *American Journal of International Law*, 1987, vol. 81, p. 911.

[10]   Michael J. Matheson, "The United States Position on the Relation of Customary International Law to the 1977 Protocols Additional to the 1949 Geneva Conventions", in *American*

反映了此种实践。[11] 但是，《军事行动法手册》的作者们后来不得已出版的一份"勘误表"中写道：

> 这一信息来自迈克尔·马瑟森写作于 1986 年的一篇文章，该文对美国立场的解读过于宽泛，因此可能会带来对美国政策的误解。[12]

这作为一份声明是没有问题的，但它对战场上的军法官却毫无助益，因为该声明根本没有尝试提出任何其他的规则或者信息来取代马瑟森的观点。关于美国《军事行动法手册》内容的困惑因此依旧存在，而且可能会变得更加严重。战场上的军法官不得不在没有任何指南的情况下，自己对《第一附加议定书》的效力问题做出判断和决定。

公平地说，美国政府了解这一问题，而且正在起草自己的国家手册，这部手册将提供所需要的最高层级的分析和解释。即便如此，美国国家实践仍与《日内瓦四公约》存在巨大的差距。小布什政府官员们[13]针对《日内瓦四公约》发表的诸如"《公约》中部分关于战俘的条款已经过时"评论[14]，更是无济于事。如果连地基都被移走了，毫无疑问，房屋必然会摇摇欲坠！

出版手册也有其消极一面。武装冲突就好像变色龙，一直在变化不停。在此意义上，美国政府的做法使有它的道理的。国际人道法倾向于对最近一次的武装冲突做出回应和改变，故无法很好地预见它在下一次冲突中如何适用。毕竟，《日内瓦四公约》本身的发展就是对 1939 年至 1945 年间诸般事件的回应，一些条款在现代武装冲突中可能的确过时了。举例而言，战俘记录可能不再通过一等邮递方式寄给日内瓦，而是可以在电脑上一键完成传输！各国政府因此有理由担心己方的立场刚经手册公布便已过时——想象一下你刚将国旗挂上桅杆，就发现原来帆船时代已一去不复返了！各种机构和法院愈发频繁地将军事手

University Journal of International Law and Policy, 1987, vol. 2, p. 419.

[11] Operational Law Handbook, 2005 ed., pp. 15–16, see *supra* note 7.

[12] 这份勘误表在《行动法手册》第一版出版时，在陆军军法局法律中心和学校的网站上可以下载，但是后来从网站上删除。

[13] See, for example, Alberto R. Gonzales, "Memorandum for the President: Decision Re Application of the Geneva Convention on Prisoners of War to the Conflict with Al Qaeda and the Taliban", printed in Karen J. Greenberg and Joshua L. Dratel (eds.), *The Torture Papers: The Road to Abu Ghraib*, Cambridge University Press, 2005, p. 118 *et seq.*

[14] *Ibid.*, p. 119.

册认定为是国家实践的证据，亦无助于化解国家的这种顾虑。当然，这些军事手册的确是国家实践的证据，但我们仍需考察当事国具体如何使用军事手册。诸如 2004 年版《英国手册》[15] 这样的国家军事手册的确具有相当的权威性，因为它是由国家最高级政府部门批准颁布的。但是由指挥链上低级较别的部门所准备的法律文件其权威性则会弱一些，而且此类性质的文件往往还融入了许多非法律要素。因此，我认为英军《士兵武装冲突法指南》（陆军条令 71130）[16] 这样的文件，不宜被当做权威性文件或是将其认定为是国家手册加以援引；就此愚见，还请红十字国际委员会《习惯国际人道法》的编辑们见谅。。[17] 尽管《士兵武装冲突法指南》的书名强调士兵，但实际上这本四十余页的小手册是专门为高级士官和初级军官准备的。手册每年都会更新版本，其中包含了精简版的武装冲突法内容，提到了有关公约，等等。作为该手册过去版本的作者，我认为它是一部不错的文本，但是它并不包含英国政府对有关国际法的权威性解读。

　　将任何官方文件都拿来引用的趋势造成了很多问题与困难，并使许多此类出版物都加入了例外性声明（caveats）。军官们的一种建议是将所有这类性质的出版物归为保密文件，以免它们被外部引用。许多出版物中的声明都与澳大利亚皇家海军出版的《澳大利亚海上规则》中的声明类似：

> 根据 1914 年《犯罪法》，所有国防信息（defense information），无论是否属于保密信息，在未经授权的情况下，不得予以披露。国防信息的发布需遵照《国防保护性安全手册（SECMAN 4）》和/或《国防指南（通用）OPS13-4》中有关"向其他国家发布保密国防信息"的规定办理。[18]

---

[15]　United Kingdom, Ministry of Defence, *The Manual of the Law of Armed Conflict*, Oxford University Press, 2004 ('UK Manual').

[16]　此条令由英国陆军发展与条令总指挥部（Directorate General of Development and Doctrine (Army) of the United Kingdom）发布。

[17]　红十字国际委员会所推出的《习惯国际人道法》一书在其注脚中援引了大量所谓的"军事手册"。

[18]　Royal Australian Navy, *Australian Maritime Doctrine*, RAN Doctrine 1 (2000), p. ii. 原文使用了着重号。在2010年版手册的第2页也有同样的表述（https://www.legal-tools.org/doc/muhwch/）。鉴于这部出版物现已可在网上公开获取，这一条款的涵义也就更加晦涩不清。

2004 年版《英国手册》在其军队中发行了活页版本[19]，其中的出版说明写道：

> 本手册中的信息受到皇家版权（Crown copyright）的保护，本出版物的知识产权归国防部独有。在未经发起人（sponsor）和国防部授权的情况下，本出版物中的所有材料或信息不得被复制，不得被存储于检索系统，以及不得以任何形式在国防部所属场所以外传播。本出版物仅能由英国政府基于国防援引向接受国政府公布。除非国防部另有授权，本出版物只能在接受国政府的国防部内公开。本出版物可能受到私有权利影响。

与之相对比，此出版物的精装版通过牛津大学出版社公开发行，并且在出版物前面显然只有标准的版权说明，而没有上述特别声明，这就显得非常奇怪！此出版物的精装版和活页版的内容完全一样，而且活页版的修正案在国防部网站上也能够找到。

事实上，这类信息理应是可以被免费获取的，而目前的现状反映了政府官员的多疑。须知英国旧版的 1958 年《军事法手册：陆战法》[20] 早已被世界各国借鉴利用！

另一种解决方法是在出版物之前添加特别声明，这样的话，如果权威部门想要改变其立场时，就能提出合理的推诿（plausible deniability）！2004 年版《英国手册》再次为我们提供了例子。在其前言中，国防部国防参谋长和常务次长联合写了一段声明，如下：

> 在瞬息万变的世界上，对于有些问题不可做出绝对性的结论。在此前提下，本手册将清晰阐述英国对武装冲突法的态度……通过出版这份手册，英国得以进一步公开她对自身武装冲突法义务的理解。[21]

作者序中将这一点阐述得更加清晰：

> ……（本手册）并非是英国政府对特定武装冲突法解释的承诺。本手册的撰写者努力确保手册中的内容的精确性（截

---

[19] United Kingdom, Ministry of Defence, *The Joint Service Manual of the Law of Armed Conflict*, 2004, JSP 383 (https://www.legal-tools.org/doc/q07lu4/).

[20] *The Law of War on Land*, being Part III of the *Manual of Military Law*, Vol. XXVI, Her Majesty's Stationery Office, London, 1958.

[21] UK Manual, 2004, p. v, see *supra* note 15.

至 2004 年 7 月 1 日），但对手册内容的解读需考虑到法律在此后的逐渐发展。[22]

我们能基于上述事实做出哪些推断？首先，一部国家军事手册是有关一国武装部队行动的法律框架中的一个重要部分，它为指挥官制定军事行动计划设定了界限。然而，军事手册也仅仅是规范武装部队行动的法律框架的一部分而已。需要将军事手册所打下的法律基础融入到部队军事行动手册和部队训练。唯有如此，法律才能从行动计划的外在规则（overlay），变为支撑武装部队从战略到战术各层级行动的基础（underlay）。

其次，军事手册不应覆盖过多的内容。美国《海上行动法指挥官手册》[23] 的内容就远远超过了一部国际人道法手册所涵盖的内容，其书名也显示了这一点，但这与海上军事行动的性质有关。海军多在公海上开展行动，因此海军行动几乎都会受国际法规制，这种特征是陆上军事行动所不具备的。在美国筹划编撰新的联合战争法手册时，曾有人想参照海上军事行动的"行动法"手册。据称有一位与会者做出了以下评论："这样一份行动发手册恐怕不会是一本书，而是一书架的书。"一部关于国际人道法的国家军事手册的内容应当是有限度的，不要将其内容延伸到其他作战行动领域，否则，其内容很容易膨胀至超出想象的地步。

最后也是最重要的一点，一部国家军事手册应当位于所有军事出版物层级的最高位阶。其内容可以通过低级别的出版物层层传递，直到最基层的士兵都能够从"武装冲突法卡片"中获知应遵循事项及禁止事项。这一系列由上至下的不同层级的出版物的内容应当保持一致，在卡片和手册之间不应当有相互矛盾的地方。

最后，我来回答自己的问题：为什么要花费很大力气来编撰一部手册？因为我们欠我们的士兵、海员和飞行员这样一部手册。我们要求他们尊重法律——而且用惩罚措施威胁他们服从。他们至少有权利知道我们要他们遵守的法律到底是什么。

---

[22] *Ibid.*, p. x.

[23] United States, Department of the Navy, Office of the Chief of Naval Operations and Headquarters, Marine Corps, Department of Homeland Security and Coast Guard, *The Commander's Handbook on the Law of Naval Operations*, NWP1-14M, 2007 (https://www.legal-tools.org/doc/jv9oe4/).

4

军事手册，法律顾问和 1977 年
《第一附加议定书》

汉斯-彼得·盖瑟 （Hans-Petter Gasser）*

1977 年 6 月 8 日，1949 年《日内瓦四公约》的两部《附加议定书》在专门召开的外交会议上以协商一致的方式通过。[1] 这一历史性的决定是人们向在武装冲突中通过法律保护平民免受战争的恐怖和袭扰迈出的巨大一步。《第一附加议定书》包含了适用于国际性武装冲突的国际人道法的许多具体内容，而《第二附加议定书》则旨在加强在非国际性武装冲突中对受害者的法律保护。各国对这两部《附加议定书》中规制武装冲突的国际规则的接受具有创纪录的意义，也证明此次对武装冲突法的更新代表了正确的发展方向。截至今天，《第一附加议定书》有 167 个缔约国，《第二附加议定书》有 163 个缔约国，1949 年《日内瓦四公约》有 195 个缔约国。

《第一附加议定书》的主要贡献在于重申和发展了那些与保护平民免受军事行动直接和间接影响的有关实质性规则，同时也增加了一些新的概念以强化武装冲突各方遵守承诺的义务。一些规则要求缔约国在和平时期就要采取行动，关于设立法律顾问和编撰军事手册的条款就是这样的内容。

《第一附加议定书》第 80 条名为"执行措施"，这一条写到：

> 一、缔约各方和冲突各方应立即采取一切必要措施，以履行其各公约和本议定书下的义务。
>
> 二、缔约各方和冲突各方应发出命令和指示，保证各公约和本议定书被遵守，并应监督其执行。

该条文看起来像一个纯粹的提醒，意义不言自明。

---

* 汉斯-彼得·盖瑟，法律硕士，法学博士，红十字国际委员会前代表及高级法律顾问，曾任《红十字国际评论》编辑，曾任瑞士佛里堡大学讲师。

[1] 1974 年至 1977 年在日内瓦召开的重申和发展在武装冲突中适用的国际人道主义法律的外交会议。

《第一附加议定书》就此做了进一步阐释，并提及缔约国在满足其他事项外需采取的两项具体措施。第一项措施是：

第 82 条 武装部队中的法律顾问

缔约各方无论何时，以及冲突各方在武装冲突时，应保证于必要时有法律顾问，对各公约和本议定书的适用以及就此问题发给武装部队的适当指示，向相当等级的军事司令官提供意见。

这是在武装部队中设立法律顾问义务的法律基础。第二项措施是：

第 83 条 传播

一、缔约各方承诺，在平时及在武装冲突时，尽可能广泛地在各自国家内传播各公约和本议定书，特别是将各公约和本议定书的学习包括在其军事教育计划内，并鼓励平民居民对各公约和本议定书进行学习，以便这些文件为武装部队和平民居民所周知。

二、在武装冲突时负责适用各公约和本议定书的任何军事或民政当局，应充分熟悉各公约和本议定书的本文。

起草编撰军事手册是传播国际人道法的综合性措施的一部分。

为武装部队设立法律顾问和编撰军事手册是一个问题的两个方面，都是在缔约国履行采取一切必要的措施以确保武装部队人员尊重国际人道法的义务。如果没有训练有素的军队人员准确理解并解释军事手册，则军事手册形同虚设；如果武装部队的法律顾问们没有借以促进和传播其专业知识和信息的工具，则这样的法律顾问也难以有更大作为。因此，起草一部军事手册和为武装部队设置法律顾问这两项义务背后的政策考量是一致的，这两者要完成共同的使命。

下面我们来简要地考察一下这两项制度以及一些需要深入分析的问题。

4.1.　武装部队的法律顾问

《第一附加议定书》是第一部提及设置武装部队的法律顾问制度的国际人道法公约。

在起草《第一附加议定书》第 82 条的过程中，无论是最初交由专家讨论的德国草案，还是后来红十字国际委员会提交给外交会议的草案，最后的定稿内容相较之下都打了不少折扣。尽管如此，现今有效的

第 82 条给缔约国施加了"确保设置法律顾问"的义务。这是一项强制性条款。现在各国的武装部队一般都将法律顾问纳入正式编制，鉴于这一事实，可以认为现在设置武装部队法律专家的义务已经成为一项习惯法。[2]

军事法律顾问是越来越复杂的国际人道法领域中的专家，他们的专业知识在指挥官做出决策的过程中不可缺少，就像在许多其他领域中专家们的意见不可或缺一样。

根据第 82 条，武装部队的法律顾问有两项基本职责：

- 根据请求（询问）或者自发地就有关国际人道法的问题做出专业建议；及
- 准备并参与对武装部队人员的国际人道法知识培训。

需要立即强调的是，法律顾问并没有指挥、监督或者控制职能。法律顾问的职能是建议性质的，也就是说，法律顾问通过其建议帮助那些负有决策职责的指挥官，以确保他们在决策时也考虑到国际人道法。最终的决策负责人是指挥军事行动的指挥官，这是他们无可推脱的责任。

虽然第 82 条在规定法律顾问的职责时仅明文提及了 1949 年《日内瓦四公约》和《第一附加议定书》作为此项义务的国际人道法渊源，但法律顾问在履行职责时，显然也需要将习惯国际法和一般法律原则纳入考量。的确，正如国际法院在其"威胁使用或使用核武器的合法性"咨询意见案和"以色列在被占领巴勒斯坦领土构筑隔离墙的法律后果"咨询意见案"[3] 中阐述的那样，在很多领域中成文法和习惯法都是彼此交织的。其他直接或间接影响着军事行动的国际法条约，例如 1954 年《保护文化财产的海牙公约》[4] 和 1997 年《渥太华禁止杀伤人员地雷

---

[2]   Jean-Marie Henckaerts and Louise Doswald-Beck, *Customary International Humanitarian Law, Volume I*, Cambridge University Press, 2005, pp. 500–501, Rule 141 (https://www.legal-tools.org/doc/78a250/).

[3]   International Court of Justice, *Legal Consequences of the Construction of a Wall in the Occupied Palestinian Territory*, Advisory Opinion, 9 July 2004, I.C.J. Reports 2004, p. 136 et seq. (https://www.legal-tools.org/doc/e5231b/).

[4]   Convention for the Protection of Cultural Property in the Event of Armed Conflict, 14 May 1954 (https://www.legal-tools.org/doc/r0zimj/), printed in Adam Roberts and Richard Guelff (eds.), *Documents on the Law of War*, 3rd ed., Oxford University Press, 2000, p. 373 *et seq.*

公约》，⁵ 亦有相照应的习惯法。研习和适用国际法的专业方式要全面考虑所有的现有法律。

关于非国际性武装冲突的法律并未规定武装部队一定要设置法律顾问。但是，既然在国际性武装冲突的情形下要确保武装部队能够获取法律意见，那么当同样的部队在其本国领土上从事敌对行动时，为这支武装部队提供法律意见也应当是可能且可行的。这是一种简单且以以实践为导向的思维方式。如此推导出的结论是，非国际性武装冲突中的政府方面需自动保障武装部队可以获取法律意见。虽然对于武装反叛组织而言并没有相应的规则和义务，但是这些武装反叛组织也必须要尊重国际人道法。

*****

以下有关法律顾问职责的论述与为第 82 条撰写过高质量评述的让·德布莱尤思（Jean de Preux）的观点颇有共鸣。⁶

4.1.1. 和平时期的职责

法律顾问的核心职责，乃是为以下人员和场合就适用于武装冲突的国际法提供培训：

- 在军事院校的学员们；
- 在其所属指挥机关的参谋人员及其他人员；及
- 在其所属军事单位的军官及士兵们；
- 为包括军事演习和模拟实战训练在内的军事活动提供法律指导以及法律评估。

第二，在战争时期准备作战计划时，法律建议也是必不可少的。

---

5   Convention on the Prohibition of the Use, Stockpiling, Production and Transfer of Anti-Personnel Mines and on Their Destruction, 18 October 1997 (https://www.legal-tools.org/doc/79f43b/), printed in *ibid.*, p. 648 *et seq.*

6   Yves Sandoz, Christophe Swinarski and Bruno Zimmermann (eds.), *Commentary on the Additional Protocols of 8 June 1977 to the Geneva Conventions of 12 August 1949*, International Committee of the Red Cross/Martinus Nijhoff Publishers, 1987, paras. 3355–3367.

4.1.2.　武装冲突时期的职责

法律顾问的职责是预防性的，即在军事行动时确保武装部队适用并且尊重国际人道法。法律顾问尤其要在下列情形中给出法律专业建议：

– 应咨询要求或自发在军事行动准备期间，或者在军事行动正在进行期间提供意见；

– 针对一些具体情况，例如某种武器以及使用某种武器的合法性问题；及

– 确保《第一附加议定书》第 87 条规定的指挥官职责得以履行，即预防和制止的下属破坏法律的行为。

4.1.3.　在军事指挥系统中的位置

第 82 条提及"（法律顾问应向）相当等级的军事司令官提供意见"，这意味着各个缔约国有权利自主对法律顾问进行编制。法律顾问通常应被列入以下位置：

– 武装部队总司令及其指挥部参谋；

– 至少到陆、海、空部队的师或者独立旅的指挥部层级；及

– 区域指挥部层级，包括被占领土和军事基地的指挥机关。

当然，各国国防部需要自己的国际人道法律师和法律专家来履行其法律职责，这些法律专业人员既可以是军事人员也可以是文职身份。

4.1.4.　人员规模

鉴于法律顾问在训练和军事行动中的职责，至少在较高层级的机构中应当配备两名以上法律顾问或法律相关参谋人员。

4.1.5.　资格和选拔

武装部队中的法律顾问应该是军人还是文职人员呢？两种情况都存在，以下列举了这两种情况的利弊：

– 如果法律顾问是从现役军职人员当中选拔，那么这些法律顾问应当是专职的。这样做的优势是，遴选出的法律顾问对于军事环境和情况非常熟悉和了解，因此容易被军事人员所接受；

– 如果法律顾问是从军事司法机构从业人员中选拔，这样选拔出的法律顾问由于其所从事的职务的缘故，会具有较高的权威性。但

是他们应当对武装冲突法非常熟悉，而且为了避免他们的工作超过正常负荷，应当减少其在行政管理、纪律执行或刑事执法方面的任务；

– 如果武装部队的法律顾问是从身份为平民的律师中选拔，那么只有国际人道法专家才有资格担任这一职务。由于他们对于军事事务不甚了解，这可能导致他们的工作在军队中不太被接受的问题。

对于《日内瓦四公约》及其两个《附加议定书》的缔约国而言，为武装部队指派和委任法律顾问是履行条约义务、确保尊重国际人道法的关键因素。

4.2. 军事手册

军事手册是促进尊重国际人道法的工具，是政府和武装部队确保在武装冲突时期尊重国际人道法不可或缺的措施。这里所指的国际人道法，包括《日内瓦四公约》及其两个《附加议定书》，以及相关的习惯国际法。

军事手册的目的与为武装部队设置法律顾问的工作相辅相成。如前所述，起草军事手册和为武装部队委派法律顾问这两项义务背后的政策考量是完全一致的，两者所要完成的任务也是一致的。因此，前文对法律顾问的论述，也可类推适用于编撰军事手册。这些论点都强调需要通过编撰一部军事手册来确保武装部队对国际人道法的尊重。

然而根据现有法律，《日内瓦四公约》及其两个《附加议定书》的缔约国并没有为其武装部队编撰一部军事手册的专门义务。但各国经验清楚表明，在当代国际人道法这一复杂的领域中，采用一种以实践为导向的工具已变得不可或缺。如果认为仅仅参照国际条约的文本就能够确保这些条约得到尊重，那么就太不负责任了。即便是一名训练有素的军事法律顾问，在没有适当工具可以使用的情况下，也不能成功地履行其专门职责。

由英军国防参谋长和国防部常务秘书长签署的《英军手册》在陈述其目的时就提到了这一点：

> 本手册的出版应被视作是英国在公开申明其对于武装冲突法义务解读的进一步尝试。本手册是对英国军事人员进行

武装冲突法培训的基础教材，并且会被广泛运用于实际决策过程。[7]

这一出自一国军队高层的表述恰好说明了作为一部军事手册的三个主要目的，即：

- 重申一国最高权力机关就尊重广义的国际人道法所做出的决心。所谓广义的国际人道法包括条约法、习惯法、一般法律原则，以及在实定法之外被接受的本领域的国家实践；

- 无论是在军事行动准备期间，或是在军事行动执行过程中，在涉及到有关国际人道法事项的决策时，为参与相关决策的武装部队成员或文职人员提供建议。军事手册应当就国际人道法的内容提供必要的信息；及

- 为培训武装部队中需要了解和熟悉国际人道法相关方面的专门人员及其他人员提供必要的信息参考，这些受培训人员包括拘留所的司令官，或者军事警察和调查部门的司令官。

军事手册在以下方面同样具有重要作用，例如：

- 对某些尚不具有法律约束力的国家实践予以阐释与建议。通过这种方式，军事手册可以为习惯国际法的形成做出贡献；

- 为那些还没有军事手册的国家以及他们的武装部队提供一个范例或模式；

- 对澄清某些法律问题做出贡献，例如有关雇佣所谓私人安保公司的问题。

4.3. 结语

那些对武装部队聘任律师和撰写军事手册的实际工作非常熟悉的同仁们接下来会给出更多的相关评论，他们的论述无疑会是对我发言的有益补充。这里我只想再次强调，军事法律顾问和军事手册在武装冲突时期以及和平时期确保尊重国际人道法方面发挥着决定性作用。

---

[7] United Kingdom, Ministry of Defence, *The Manual of the Law of Armed Conflict*, Oxford University Press, 2004, p. v.

5

军事手册与习惯武装冲突法

大卫·图恩斯 （David Turns）[*]

5.1. 引言

我发言的目的是将军事手册中与习惯国际法有关的某些方面作为一个整体来分析。我认为有必要从以下问题出发：一部军事手册到底是什么？一部军事手册想要达成怎样的目的？

5.2. 军事手册是否构成习惯法的证据？

一种广为传播的设想认为，军事手册或是代表了国家实践，或是表达了法律确信，因此在效果上，军事手册本身就构成了习惯国际法。事实上，军事手册在国际法渊源中的地位远非明确。纵览公法学者就此问题所作的讨论，再结合其他各种类型的意见（包括军事手册自身就此问题的意见），我们可以发现各方在此问题上实有巨大分歧。

伊恩·布朗利（Ian Brownlie）教授的国际法教科书不仅在英国而且在世界上都被广泛阅读和引用。他的教科书明确地将军事手册列为习惯国际法的证据。[1] 赖特勋爵（Lord Wright）是二战后期建立的调查纳粹德国及其在欧洲和远东地区轴心国盟国犯下罪行的联合国战争罪行委员会的主席。他则给出了截然相反的意见："军事手册并不构成国际法。[2]

军事手册自身文本中的表述与编撰军事手册的政府部门发表的声明同样存在类似的矛盾。例如，美国《陆军战地手册》（US Army Field Manual）第一段写道：

> 本手册的目的是为军事人员提供权威性指南……本手册是美国陆军出版的官方出版物。<u>然而</u>，本手册中有些条款既不是美国国内法中的成文条款，也不是美国加入的国际公约中的条款，因此本手册中的这些条款对适用战争法的法

---

[*] 大卫·图恩斯，英国国防学院武装冲突法高级讲师。

[1] Ian Brownlie, *Principles of Public International Law*, 5th ed., Clarendon Press, 1998, p. 5.

[2] Lord Wright of Durley, "Foreword", in United Nations War Crimes Commission, *Law Reports of Trials of War Criminals*, Vol. VIII, His Majesty's Stationery Office, 1949, p. x.

"

> 庭和法院不具有法律约束力。<u>但是</u>，这些条款在有关习惯
> 和实践方面的问题上具有证据价值。[3]

可见，美国的军事手册在阐述自身的功用时，又附带了一句限定声明；而这个限定申明本身，则又被另一个"但是"声明所进一步限定。这本手册已有半个世纪的历史，故也值得我们严肃对待。美国官方对军事手册法律意义的相对较近的表态，则可从美国国务院法律顾问针对红十字国际委员会编辑的《习惯国际人道法》所作出的初步回应中找到。[4] 信中做出以下声明：

> 手册尽管有可能提供有关国家实践和法律确信的重要标示，
> 但是这些手册并不能替代对与现实中军事行动有关的国家
> 实践所展开的严肃检验。[5]

总而言之，我这里想要表达的观点是，当我们试图将军事手册作为习惯国际法的一种渊源或是一种渊源的表现形式时，至少应当持极为谨慎的态度。

那么法院怎么看待这个问题？当然，不少司法判决都讨论了军事手册，或者至少援引了军事手册。为了此处的讨论，只需要考察两个例子就够了：一个是国际法庭中的判例，还有一个是国内法院的判例。前南斯拉夫问题国际刑事法庭的上诉庭在"塔迪奇案"中做出了关于管辖权的影响深远的裁决。该裁决特别提到了确定习惯武装冲突法所面临的困难，并明确表示在鉴别军事行动实践，亦即国家实践时，军事手册是一种非常有用的参考资料。[6] 该国际法庭的法官们因而倾向于将军事手册作为一种国际法的渊源来使用，他们在裁定的其他许多地方也都清晰地表达了对于这个问题的这种观点。

近期，以色列最高法院就以色列国防军对巴勒斯坦武装人员进行定点清除的合法性问题做出了裁定，并也引起很多讨论。以色列最高法

---

[3] United States, Department of the Army, *Department of the Army Field Manual FM27-10: The Law of War on Land*, July 1956, p. 3. 着重号为作者所加。

[4] John B. Bellinger III and William J. Haynes II, *U.S. Initial Response to ICRC Study on Customary International Law*, US Department of State, 3 November 2006 (https://www.legal-tools.org/doc/w4ywl7/).

[5] *Ibid.*

[6] International Criminal Tribunal for the Former Yugoslavia, *Prosecutor v. Duško Tadić a.k.a. "Dule"*, Decision on the Defence Motion for Interlocutory Appeal on Jurisdiction, 2 October 1995, IT-94-1-AR72, para. 99 (https://www.legal-tools.org/doc/80x1an/).

院在这一裁定中专门引用了英国、法国、荷兰、澳大利亚、意大利、加拿大、德国和新西兰的军事手册，以及美国的空军手册来证明禁止攻击未直接参加敌对行动的平民这条规则具有习惯法性质。[7]一国的最高法院就武装冲突法所作的裁断无疑代表着该国的国家实践；而在本案中，以色列法院明确赞同法理上可以援引军事手册来论证具体的法律主张，而非像前南刑庭在"塔迪奇案"中那样，仅是概括性地认为军事手册是有用的。因此退一步来说，关于军事手册在反映和表达习惯国际法中的作用和地位这个问题，不同的权威机构有着不同的立场，这是很清楚的。

5.3. 有关习惯国际法的几点一般性评论

在此，作者认为有必要就习惯国际法如何具体适用军事手册予以阐述，而不是仅就习惯国际法的一般特点再多做议论。第一，习惯法的两个主要构成要素，即国家实践和法律确信，是不同的。国家实践应是国家实际的行为。法律确信则是国家对其行为的表述，或是国家对其行为法律性质的确信。国际法院认为习惯法的这两个要素意义同样重大。[8]但是，在军事手册的语境中，恐怕法律确信比国家实践更能反映习惯法。

第二，能够构成习惯法的不同类型的行为之间是有区别的，尤其是言辞行为（verbal act）和物理行为（physical acts）。传统观点认为，国家实践只包括一个国家的实际行动，也就是这个国家在某种特定情形下实际上做了哪些事情。但是，国际法院在"英挪渔业案"中特别指出，一个国家言辞行为也可能构成国家实践的证据。[9]那么，在构成国家实践的一系列不同类型的行为中，我们应如何定位军事手册？在我看来颇为确定的是，军事手册应被认定是一种类型的言辞行为。军事手册的内容并不是一个国家在战场上的实际行动，而是这个国家对于其在战场上会如何行事的一种表述；它也可以是对一国在战场上可能从

---

[7] Supreme Court of Israel sitting as the High Court of Justice, *The Public Committee against Torture in Israel et al. v. The Government of Israel et al.*, Judgement, 13 December 2006, HCJ 769/2, para. 30 (https://www.legal-tools.org/doc/22gbur/).

[8] See, for example, International Court of Justice, *North Sea Continental Shelf (Germany v. Denmark)*, Judgement, 20 February 1969, I.C.J. Reports 1969, p. 3, para. 77 (https://www.legal-tools.org/doc/38274a/).

[9] *Ibid.*, *Fisheries Case (United Kingdom v. Norway)*, Judgement, 18 December 1951, I.C.J. Reports 1951, p. 116, pp. 132–139 (https://www.legal-tools.org/doc/457811/).

事的行为的表达——它具体将会如何行动，则又要取决于当时具体的情势。

第三点需要注意的是国际法中形式渊源（formal sources）和实质渊源（material sources）之间的区别，这一点区分在讨论军事手册与习惯国际法的关系时有特别重要的意义。所谓"形式渊源"系指"法律规则产生其权威的渊源"，例如一部条约。如果一部条约对一项已经存在的习惯法规则予以编纂，且某个国家签署并批准了这部条约，那么这部条约就会成为该国家相对于此特定规则的形式法律渊源。法律的"实质渊源"指向"一项规则得以被重述的出处"。我认为"重述"（restate）这个词在描述军事手册时特别有用，因为一部军事手册在大多数情况下都是在重述某个国家在国际法中的确信，或者一个国家就法律在特定情形下可被如何解释的确信。

总而言之，军事手册处理的具体规则都是业已存在的。对法律的重述或是法律的实质渊源本身并不能创设新的法律，它们只是对于已经存在的法律规则的表达。由此我们可以推导出以下结论，即军事手册很少，或是根本不可能创造新的法律规则——这是因为一部军事手册的内容是一国对其自身意见所作的单方面表达。[10] 军事手册更可能是一个国家对于其相信已经存在的法律规则的一种重述或者是解释；任何其他的内容都有违军事手册的初衷，因而也不太可能被包含在内。

5.4. 关于军事手册和习惯国际法的五点思考

我认为，在一般意义上思考军事手册与国际习惯法的关系时，至少涉及五个不同的层次。这五个层次之间并不存在上下级或隶属关系。

5.4.1. 形式作用

第一个层次是一部军事手册在形式上的作用。这里有必要再次简短回顾前述问题，即军事手册是由谁来编撰的，以及编撰军事手册的意图这两个问题。还有就是，该军事手册在国内法下又有怎样的地位？军事手册是一国政府的官方出版物吗？军事手册的书名之中是否包含了"国防部"或者类似的表述？在英国，《英国手册》的确是基于国防部

---

[10] 在理论上，单独一个国家的行为也可以产生出国际习惯法规则，但是它还需满足另一个条件，即其他国家须随后也以完全同样的行为来确认该行为或实践属于一项国际习惯法规则。如果只有一个国家的行为或实践，而其他国家并没有采取反复的、同样的行为或实践，也不可能创设一项国际习惯法规则。参见后面的论述。

的出版许可推出的。这一点有助于得出的结论是，虽然手册的开篇包含了一则免责声明（disclaimer），但是这部军事手册可以说是关于英国法律确信的权威性声明。[11]《英国手册》是由相关领域中具有相当高级别的英国学者和法律实务工作者起草编撰的，因此这部手册具有相当高的权威性。相反，如果一部手册是由相对低级别的机构编撰起草的，而且主要是用作军事训练的内部出版物来使用，或者仅仅用于对军事行动进行非官方指导的话，那么即便这部手册的标题中包含"军事手册"这样的字眼，我认为这部手册仍然难以具有某种权威属性。

我此前已批评了红十字国际委员会《习惯国际人道法》在援引英国出版物时，未就其内容作仔细审查便贸然冠以"军事手册"之名的做法。除此之外，约拉姆·丁斯坦（Yoram Dinstein）亦就《习惯国际人道法》中援引以色列出版物、并将其认作其是以色列国防军手册的做法发表了尖锐批评。丁斯坦坚持认为，此处所涉及的以色列出版物绝无可能是以色列国防军手册，也无法代表以色列政府官方观点。[12] 因此，认真识别到底是哪个主体编撰了手册，以及编撰手册背后的意图如何，这是非常重要的。如果某一出版物可被正式追溯到特定级别的政府部门或国防部，那么这样的手册很有可能可以被认为具有某种官方属性，表达了该国对于相关法律规则的观点。

与之类似的是，还应当考虑一部军事手册的目标受众是谁，以及这部军事手册具体是如何传播的。这部手册是否像《英国手册》那样公开出版发行？手册是在全国范围内普遍发行，甚至是在世界范围内发行，再或者仅仅是被作为内部文件流通？如果一部军事手册是由某个国家机关出版的，例如由国防部出版发行，并且是以该国国防部的名义在世界范围内传播，那么根据传统一般国际法法理，该行为已构成是该国的言辞行为。根据一般国际法下的国家责任理论，该国可能要为其手册的内容承担法律责任。这一点相当重要。

5.4.2.　实践作用

第二个层次是军事手册在实践方面的作用。一部军事手册到底想要实现怎样的目标，它打算在实践中做什么？例如，美国《陆军战地手

---

[11]　United Kingdom, Ministry of Defence, *The Manual of the Law of Armed Conflict*, Oxford University Press, 2004, p. x.

[12]　Yoram Dinstein, "The ICRC Customary Humanitarian Law Study", in *Israel Yearbook on Human Rights*, 2006, vol. 36, pp. 6–7.

册》被描述为是权威性的战地指南。"权威性的指南"的描述，或许意味着该国高层机构参与了手册的编撰。还是说该部手册仅仅是一项备忘录（*aide-mémoire*），一套行为指南，或仅是一套宽松的建议？它到底试图向读者传达怎样的信息？它是否想要告诉士兵们"你必须实施甲、乙或丙项行为"（且文本明确表明甲、乙或丙行为系法律规则在特定情势下的要求），抑或它仅简单介绍了一般性原则？

5.4.3. 实质作用

第三个层次是，一部军事手册的实质作用是什么？用规范性的表述来阐述这个问题就是，一部军事手册中包含的涉及到法律规则的内容都是衍生性的、非原创的。军事手册本身不能发展新的法律。相反，军事手册的实质内容是从一个国家认为已经存在的义务中衍生出来的。例如，《英国手册》中有大量的内容是来源于英国的条约义务。绝大部分的军事手册都是如此，它们的编撰常常是依托于一国的条约义务。因为武装冲突法的内容在很大程度上都以国际条约的形式存在，所以军事手册通常只是重述这些源于条约的规则。例如，如果一部手册中写道禁止在武装冲突中使用化学武器，通常是因为出版这部手册的国家是1993年《禁止化学武器公约》的缔约国[13]，而不一定是因为这个国家相信存在禁止使用化学武器的习惯法规则。[14]《英国手册》即采用了这一立场。[15] 当军事手册的内容包含了一些看上去很新的表述，这些表述则通常是基于政策考虑，而不是对法律规则的严格解释。例如，如果一部军事手册写道，比例原则在非国际性武装冲突和国际性武装冲突中都

---

[13] Convention on the Prohibition of the Development, Production, Stockpiling and Use of Chemical Weapons and on their Destruction, 13 January 1993 (https://www.legal-tools.org/doc/fc1928/).

[14] 尽管实际情况如此，红十字国际委员会编辑的《习惯国际人道法规则》一书中仍然认为，禁止在国际性与非国际性武装冲突中使用化学武器已经成为一项国际习惯法规则。参见 Jean-Marie Henckaerts and Louise Doswald-Beck, *Customary International Humanitarian Law, Volume I*, Cambridge University Press, 2005, pp. 259–63, Rule 74 (https://www.legal-tools.org/doc/78a250/). 相关批评意见，参见 David Turns, "Weapons in the ICRC Study on International Humanitarian Law", in *Journal of Conflict and Security Law*, 2006, vol. 11, pp. 201–37; W. Hays Parks, "The ICRC Customary Law Study: A Preliminary Assessment", in *American Society of International Law Proceedings*, 2005, vol. 99, pp. 208–10.

[15] United Kingdom, Ministry of Defence, *The Manual of the Law of Armed Conflict*, Oxford University Press, 2004, §6.8, pp. 107–109.

适用，那么该内容很可能是手册起草者所作的政策声明，即该国将如何在实践中解释并适用比例原则的规则，而不一定是在阐述一项具有法律约束力的义务。例如，英国并不认为关于比例原则的规则作为一项具有约束力的法律义务正式适用于非国际性武装冲突，但是《英国手册》将比例原则的规则适用于所有英国武装部队参与的非国际性武装冲突。这看起来像是一种政策宣言，而不是关于法律的宣言。因此，我们可以得出以下结论：军事手册中有一些内容显然是源自严格的法律义务之外的考量和因素，而当事国对这部分内容并无法律确信。

5.4.4.　军事手册的影响

第四层要考虑的因素是军事手册想要带来怎样的影响，即军事手册在实践中会产生怎样的效力。这里值得注意的一点是，一部军事手册仅仅关注编撰这部手册的国家本身。换言之，一国编撰国家军事手册只是为自用，而非满足其他任何国家的需求。当然，在若干国家结成军事同盟的情况下，同盟国之间可以共享他们的军事手册中所制定的"最佳实践"。从另一方面看，在武装冲突法领域，许多国家去学习和复制由某个国家制定编撰的一部手册或法律文件，因而使得这部手册的内容为世界各国所普遍接受和援引，最终成为一种习惯法，这种情况并非不可能，记住这一点对我们具有指导性意义。最典型的例子就是美国1863年的《利伯法典》。[16] 虽然《利伯法典》不是一部我们讨论的军事手册，而只是美国陆军的"一般命令"（《利伯法典》的全称是《美国军队战地管理指令》，意涵并不十分明晰），但是在军队或国防部门普遍编撰发行军事手册以前的那个时代，《利伯法典》发挥了类似军事手册的作用。它并非针对任何其他国家，而是供北方联邦军队在美国南北战争中使用。不久后，美国南方的邦联军队也获得了一份《利伯法典》，邦联战争部认为编撰类似《利伯法典》的法令相当有益，并且决定为自己的部队制定一部类似的法典。不久以后，世界上许多其他国家都开始复制和借鉴《利伯法典》，当时世界主要军事强国的军事部门都逐步承认《利伯法典》阐述（重述）了习惯国际法——而这正是弗朗西斯·利伯（Francis Lieber）在编撰《利伯法典》之始想要达到的目的。

---

[16] *Instructions for the Government of Armies of the United States in the Field*, prepared by Francis Lieber, LL.D., originally issued as General Orders No. 100, Adjutant General's Office (1863), printed in Dietrich Schindler and Jiri Toman (eds.), *The Law of Armed Conflicts*, 3rd ed., Martinus Nijhoff Publishers/Henry Dunant Institute, 1988, p. 4 *et seq.*

　　若从更广的视角出发审视作为整体的国际法，我们也需记住单独一国的实践也有可能最终产生习惯国际法。这一过程中的一项必要因素是某个国家的特定行为要在此后被世界上其他国家模仿和重复。在这种情况下，如果一部军事手册中载明的某项规则要推动一项新的法律规则的形成，当这项规则也被其他国家援引和采用时，这项规则就会以国际习惯的形式发挥真正的作用。这方面一个经典的例子就是美国最高法院在 1871 年"斯科舍号案"（the Scotia case）中做出的裁定。[17]斯科舍号案是关于一艘英国船舶和一艘美国船舶在公海上碰撞的案例。碰撞是在夜晚发生的，碰撞的原因是美国船舶当时没有发出便于识别的航海信号。法院判决指出，英国方面发出的航海信号是英国单方面行为，因为这些行为是根据 1853 年英国海军部颁布的一系列规则实施的，而英国海军部丝毫没有将这些规则适用于其他国家的意愿，他们编撰这些规则本旨在适用于皇家海军和英国商船，并没有想以这些规则指导其他国家海军和商船。然而世界上很多国家都学习并使用这些规则，美国最高法院认为，在斯科舍案作出裁决的 1871 年，虽然这些规则是由英国单方面制定和发起的，但是这些规则已经在包括美国在内的几乎所有的海上强国中都得以真正适用和重复使用。法院因此认为，该案中的一国的单方面行为事实上推动了一项习惯国际法规则的形成。

　　下面的示例将会演示在武装冲突法领域一国的单方面行为会如何推动习惯国际法的产生。澳大利亚声明，当澳大利亚武装部队被部署至海外（包括开展和平支持行动）并需进行拘留并处置被拘留者时，澳大利亚政府将根据《日内瓦第四公约》中规定的军事占领法行事。[18] 这是目前澳大利亚的官方立场。[19] 据我所知，目前世界上并没有其他的军事强国接受这样的立场。但是，假如其他国家在实践中也采用了这种立场和观点，且这些国家也认为《日内瓦第四公约》中的规则可以或者应

---

[17] Supreme Court of the United States, *The Scotia*, 81 U.S. 14 Wall. 170, 1871.

[18] Geneva Convention Relative to the Protection of Civilian Persons in Time of War of August 12, 1949, Articles 17–34, 47–8 (https://www.legal-tools.org/doc/d5e260/).

[19] See Commonwealth, "Australia: Government for the Meeting of Contracting Parties to the Fourth Geneva Convention, Geneva, 27–29 October 1998", in *Yearbook of International Humanitarian Law*, 1999, vol. 2, p. 451:

　　这意味着《日内瓦第四公约》不仅在国际性武装冲突中适用，而且在外国武装部队未经所在国政府机关同意便对领土行使控制的情况下也适用。

当被适用于一国武装部队在未经他国同意的情况下出现在他国领土上时，那么这就会成为一项新的国际习惯法规则产生的证据。

5.4.5.　构成作用

最后一个层面是一部军事手册的构成作用。我们在这里回到本文开始时提出的问题：一部军事手册是否应当被看作是实际发生的国家实践，还是更应当被看作是具有法律确信的性质？与武装冲突法相关的国家实践到底是什么？海斯·帕克斯（Hays Parks）曾写道："战争时期政府授权的行为，比和平时期政府的声明更有分量。"[20] 有些国家的军事手册是在相当长的时间内完成的，这样做的好处就是在和平时期，有足够多的时间从很多细节上去打磨和反思手册的内容，可以组织相关领域人员研究和讨论，一遍一遍地研究每一条规则。但是在战时，当武装冲突真正发生、武装冲突法需要在战场上被真正适用时，由于事态瞬息万变，有关决策也必须被快速做出。究竟是战时还是和平时期的实践对武装冲突法的生成有更大的影响？是一个国家声称它将要做或可能做的事情，还是冲突发生时、作为当事国实际上做的事情？例如，禁止在任何类型的武装冲突中使用有毒气体一直都是伊拉克的官方立场。然而在 1988 年，全世界都见证了伊拉克军队在该国北部，特别是在哈拉布贾（Halabja）地区，在臭名昭著的"安法尔行动"（Operation Anfal）中对库尔德人使用了有毒气体。该攻击被媒体大量报道。显然，伊拉克政府在此问题上说一套做一套：它在公开场合反复强调绝对禁止使用有毒气体，自己最后又在 1980 年代末先后对国内的库尔德人和与其处在国际性武装冲突中的伊朗使用有毒气体。在这种情况下，究竟是这个国家的言辞，还是这个国家实际行为有着更重的法律意义？

我本人倾向于同意帕克斯的观点，即更应该看一个国家在实际的武装冲突中是怎样做的，而不是仅仅去看这个国家在和平时期，基于抽象的条件，就它在假想的、可能参与的武装冲突中可能怎样做的理论阐述。当然，这不是评估一国立场的唯一方法。同样还可以认为，应该用"依其言而行事，勿观其行而仿之"（do as we say, not as we do）的逻辑来理解这种情况。换句话说就是，一国所说的比这个国家所做的更为重要，因为当一个国家的行为违反了它先前阐述的某一规则，这种行为

---

[20]　Parks, 2005, p. 210, see *supra* note 14.

还可以被作为一种例外来证明这项规则的存在，而非创设一项新的规则。[21]

5.5. 结语

如前所述，最基本的问题还是"军事手册到底是什么？军事手册到底应当实现什么功用？"我认为，军事手册实际上是一个国家就自己对现有规则的理解和解释，为本国武装部队提供的政治-法律指南（politico-legal guidance）。军事手册本身并不会创设新的法律。一般情况下，军事手册都是以一种政策声明的方式而不是以一种严格的法律义务的方式，重述或者解释那些编撰军事手册的国家认为已经存在的某些规则。这些义务通常都是来自于一国所加入的条约，而不是来自于习惯法。如果一部手册包含的某项原则得到广泛认可和重复适用，并且被其他国家的军事手册不断援引，且此类实践愈发具备"广泛并基本统一"这一经典的习惯国际法标准的话[22]，那么就可以认为，军事手册发挥了创设一项习惯法规则的作用。但是我认为，对待这种情况时要十分地慎重。我认为大多数军事手册最多只能作为法律确信的证据。如果要为挪威或者北欧国家集体起草一部军事手册，就必须要决定要赋予这部手册怎样的官方地位，这是很重要的问题。当然，还需要考虑这部手册应当以怎样的形式解释和阐述现有规则，以及以怎样的形式得到挪威或者北欧国家集体的接受。

---

[21] See International Court of Justice, *Case Concerning Military and Paramilitary Activities in and against Nicaragua (Nicaragua v United States of America)*, Merits, Judgement, 27 June 1986, I.C.J. Reports 1986, p. 14, para. 186 (https://www.legal-tools.org/doc/046698/).

[22] See, for example, International Court of Justice, *Asylum Case (Colombia v. Peru)*, Judgement, 20 November 1950, I.C.J. Reports 1950, pp. 276–7 (https://www.legal-tools.org/doc/cb94fc/); *ibid.*, *North Sea Continental Shelf (Germany v. Denmark)*, Judgement, 20 February 1969, I.C.J. Reports 1969, p. 3, para. 74 (https://www.legal-tools.org/doc/38274a/).

6

———

讨论纪要

报告人 查尔斯·科特-勒平 （Charles Cote-Lepine） [*]

路易斯·多斯瓦尔德-贝克（Louise Doswald-Beck）[1] 就红十字国际委员会《习惯国际人道法》中将官方文件（official sources）统一贴上"手册"这个标签的做法提供了进一步的解释。在这项研究中，"手册"（manual）这个词被用来概括各种形式的官方文件，用以证明或否定一项国际习惯法规则的存在与否。将这些官方文件统称为是"手册"纯粹是为了节省篇幅，所有文档的实际名称可以在书后的附录中找到。这部著作并没有仅仅依据少数国家的实践就断言存在某项国际习惯法规则，而是收集并研究了世界范围内大量的国家实践方面的渊源。

多斯瓦尔德-贝克还对军事手册中的指令条款（instructions）的效力进行了评论。我们能否认为这些指令也代表了国家的政策？当然军事手册的起草者应该很谨慎地及时声明，手册中的具体条款是否反映了其所在国的官方立场。否则，让读者去猜测相关国家的意图是十分不公平的。

多斯瓦尔德-贝克认为，一旦某项规则已经成为或者被认定为一项国际习惯法规则，任何国家便不得再以该规则尚不具有习惯法效力为由而拒绝适用该规则。换句话说，在国际习惯法规则的适用方面，一个国家不能成为习惯法形成之后的<u>事后反对者</u>。一个国家若不希望受某项国际习惯法规则的拘束，唯一可行的做法就是坚持<u>一贯</u>反对这项规则。作为一个"一贯反对者"，这个国家应该在一项国际习惯法规则形成之初就开始反对，并且应该在后来一直坚持反对的立场。

多斯瓦尔德-贝克认为，相比一国在实践中就具体问题的行为，其军事手册所阐述的内容并不一定有助于创造某项新的习惯法规则。其他国家对该国实践的反应也同样重要。例如，当伊拉克在库尔德平民聚

---

[*] 查尔斯·科特-勒平是奥斯陆大学法学院硕士交换生。

[1] 路易斯·多斯瓦尔德-贝克是日内瓦国际与发展研究院（Graduate Institute of International and Development Studies）教授。

居区使用化学武器后，正是国际社会的强烈抗议使得禁止在战争中使用化学武器这项习惯法规则得到了强化。

威廉·J·芬瑞克（William J. Fenrick）[2] 是前南斯拉夫问题国际刑事法庭的前检察官，他倾向于不适用习惯法。虽然对一名法官来说，确认某项习惯法规则的存在相对容易，但是对一名检察官来说，证明习惯法的存在则是十分困难的。那些想要证明某项习惯国际法规则存在的前南刑庭检察官们，因此总是倾向于考察主审法官可能比较熟悉的国家的实践。

阿尔内·维利·达尔（Arne Willy Dahl）向与会者提出以下问题：军事手册的编撰、起草流程应产出哪些文件？

罗伯塔·阿诺德（Roberta Arnold）[3] 回应道，编撰流程会有怎样的结果，具体取决于的当事国想要赋予手册以怎样的地位。尽管大卫·图恩斯（David Turns）在报告中认为手册并不构成法律，但是《瑞士手册》确实是瑞士法律的一部分。违反手册的行为在瑞士法下构成刑事犯罪。如果某个国家想要赋予一部军事手册更大的分量，那么它可以通过重述刑事法律条款，或通过创设新的法律规则来对违反军事手册的行为予以追责。

欧维·博瑞（Ove Bring）[4] 注意到目前的讨论主要侧重于国际法。他认为，军事手册是很重要的国家实践形式。根据此前图恩斯的报告，伊恩·布朗利认为手册是习惯国际法的证据，而赖特勋爵认为军事手册不能"构成国际法"。博瑞则认为，军事手册代表国家实践，但却并不一定构成国际法，因此上述二人对此问题并无不同意见。赖特勋爵和布朗利所阐述的是不同的问题，而他们就不同问题的观点是可以被调和的。一方面，布朗利认为手册代表了国家实践的证据，他并没有说手册一定代表习惯国际法。另一方面，赖特认为手册不能代表国际习惯法，他并没有提及手册可能构成国家实践的证据这个问题。赖特并没有否认军事手册中所包含的规范可能体现了可适用的国际法。

---

[2] 威廉·J·芬瑞克是加拿大达尔豪斯大学法学院成员。

[3] 罗伯塔·阿诺德，伯尔尼大学博士（优秀毕业），诺丁汉大学法律硕士。她是瑞士军事司法部，第八军事法庭，专业技术军官（初一级）及军法官候选人；是国际刑法和国际人道法领域独立法律顾问。

[4] 欧夫·博瑞，斯德哥尔摩瑞典国防大学国际法教授。

关于为北欧国家编撰一部通用军事手册的问题，博瑞认为，到目前为止，大家都以一种<u>静态</u>的方式来谈论军事手册，都认为军事手册只是对已经存在的规则或者已经被认为是习惯国际法规则的一种表达和重述。但是一部军事手册同样可以与国家政策问题相关，并且演变为一国对其眼中应然法的表达。例如，北欧国家在对待国内武装冲突现象时持有更进步的观点态度。若是将这些观点加入到一份通用军事手册中，则随着时间的推移而可被认定为是北欧国家的政策声明；若其他国家也开始采纳这些观点，则它便演化成为应然法，甚至在一定时间过后，进一步发展为实然法。以上是用一种动态的眼光来看待军事手册，这种方式很适合北欧国家。

丹尼尔·格荣（Daniel Geron）[5] 建议在发展国际习惯法规则时应当谨慎，尤其某些国家虽在相关领域并没有足够的国家实践和经验，却仍坚持某种新的习惯国际法规则已经产生。这对于应然法非常关键，在编撰一部通用北欧国家手册时应当记住这一点。

达伦·斯图尔特（Darren Stewart）[6] 发现，随着越来越多的国家参与多国军事行动，国家与国家间的协同行动能力（interoperability）成为了一个重要顾虑。经验表明，军事手册对于理解其他国家的法律立场非常有帮助。军事手册在此语境下有双重目的。第一，正如查尔斯·盖瑞威提到的那样，军事手册为军事训练提供了坚实的支持和基础。第二，军事手册能帮助盟国相互理解对方的立场。

斯图尔特认为，编撰创设一部通用北欧国家军事手册是一项面临艰巨挑战的任务。以在阿富汗的军事行动为例，挪威、瑞典和丹麦的法律顾问对于拘留的规则就持有不同意见。既编撰通用手册又让不同国家保持各自独立的立场和观点将会非常棘手。

汤姆·史泰博（Tom Staib）[7] 注意到，包括挪威在内的许多国家将平民聘为其武装部队的法律顾问。国家军事手册能为这些法律顾问提供重要的指引。当然，创设和编撰一部北欧国家通用军事手册则是一项极其复杂庞大的工程。

---

[5] 丹尼尔·格荣上尉是以色列国防军国际法部法律顾问。

[6] 达瑞·斯图尔特中校是英国陆军联合快速反应部队总部（HQ Allied Rapid Response Corps）总法律顾问。

[7] 汤姆·斯戴博海军中校（Commander Senior Grade），挪威国防学院（Norwegian Defence Academy），军事法律顾问。

下面的段落根据主题将讨论组发言人的回应做了汇总。

6.1. 军事手册的在国内法下的法律地位

盖瑞威理解红十字国际委员会《习惯国际人道法》一书中出于篇幅考虑用"手册"一词统称所有官方文档，同时他仍旧认为如此宽泛地使用"手册"一词有其危险之处。它可能会给人以错误的印象，即认为一份由军事大国颁布的官方手册和一份由小国颁布给自己士兵的指令有着同等的分量。

汉斯-彼得•盖瑟同意军事手册不构成法律，且军事手册应当是"对法律的表述和阐明"。

盖瑟指出，在美国国防部法律总法律顾问办公室任职的海斯•帕克斯（Hays Parks）在过去三十年中一直从事为美国武装部队编撰军事手册的工作。但是直到今天，美国仍然没有一部军事手册，这是为什么？是否是因为各国担心，假如将他们认知中己方的权利和义务白纸黑字地写在纸上，他们会更严格地被这些权利、义务所约束？

6.2. 军事手册与刑事制裁

盖瑞威重申了自己的观点，即他认为军事手册是阐述一国对法律的解释的文件，而不是阐述法律本身的文件。例如，英国《女王陆军规则》实际上就不是真正的"规则"，也不是由英国女王本人编撰的。如果这些规则被违反，通常也不会带来什么法律后果。

图恩斯注意到，在一些国家违反军事手册中的条款或许会招致起诉，但是在诸如英国这样的另一些国家，违反手册并不会带来任何法律后果。这种差异或许是源自各国不同的法律传统。民法法系国家的法律传统就比普通法系国家的法律传统更倾向于在国内法律体系中赋予一部军事手册以正式的法律地位。

6.3. 军事手册与应然法

盖瑞威表达了他对以下观点的支持，即编撰一部北欧国家通用军事手册可以构成对应然法的推动。事实上，诸如英国这样的国家已经采取了类似的策略，尤其是在涉及到海战方面的问题上。因此，对于封锁的问题，《英国手册》就采用了《圣雷莫手册》中的条款，包括那些仅有应然法地位的规则。

盖瑟坚持认为，军事手册的作用只是阐述法律，赋予军事手册除此以外的功能是不合适的。一部军事手册不应被法院或国际法庭视为是判断某项习惯法国际法规则是否存在的工具。一部军事手册仅应被视为是帮助军事行动的工具，可以指导参加军事行动的人员在战场上顺利执行复杂的任务。如果认为军事手册能帮助法官认定一项习惯国际法规则是否存在或正在产生的话，那么这对于在战场上执行任务的人员来说就太危险了，这就会使所有国家放弃编撰和使用这种手册。应保证军事手册作为一种实用性文本的属性。

图恩斯强调，原则上看，为了发展习惯国际法规则而创设和编撰一部军事手册这种做法没有问题。然而，这样一项事业不可能依赖某个国家的单独行动。正如多斯瓦尔德-贝克先前提到的那样，其他国家针对一国国家实践的反应更加重要。而在编撰一部北欧国家通用军事手册时，假若起草者有意融入应然法条款，那么手册可被看作是向发展国际习惯法迈进。但是，其他国家，尤其是那些作为武装冲突参与方的国家需要对军事手册中写入的这些规则做出积极的、肯定的回应，这样这些规则才会从应然法演变成实然法。假如其他国家对这些规则做出了否定性的评价和回应，那么包含这些规则的军事手册就没有完成其作为应然法的任务。

6.4. 军事手册中立场的清晰性

图恩斯认为，如果军事手册中没有明确说明其条款是一种政策性表述，那么让读者猜测起草者的意图是不公平的。如果手册想要采用的立场是其内容是一种政策声明而不是法律义务，那么手册本身就应该尽可能地将这个问题阐述清楚。明确区分这两种性质声明的责任最终落于手册的起草者。

主题二:
编撰和使用军事手册的经验

7

———

开场致辞

彼得·奥特肯 （Peter Otken） [*]

本次讨论会的主题是"经验"。国际人道法是国际法的一个分支，也大概是国际法所有分支中现实经验构成最重要考量因素的一个，希望大家能认同我这个看法。我们可以就人道法大书特书，但只有当纸面上的人道法被付诸实践时它才真正存在。无论是在战场上，课堂上或是在军事院校，国际人道法必须被付诸实践方能成为现实。

有幸的是，今天与我们同聚一堂的学者和实务专家在国际人道法领域，尤其是在起草和编撰军事手册方面都具有极其丰富的经验。

我们的首位发言人是罗杰斯将军（Anthony P. V. Rogers）。罗杰斯将军曾参与起草《英国武装冲突法手册》。查尔斯·盖瑞威已在他的发言中提及罗杰斯所参与过的其他国际性军事手册(注：相对国家军事手册而言)的编纂工作，例如 1999 年发布更为精简且适合实际使用的红十字国际委员会《示范手册》。[1] 此外，在我看来，他最重要的著作就是他的获奖之作《战场上的法律》（Law on the Battlefield）。[2]

芬瑞克中校（William J. Fenwick）将在罗杰斯将军之后发言。关于芬瑞克中校的事迹，人们最熟悉的大概就是他为前南斯拉夫问题国际刑事法庭所做的工作。他还曾担任加拿大军法总署的军官。他将谈及他曾亲身参与的《加拿大手册》的起草工作。《加拿大手册》也是一份意义特殊的文件，因为它是第一份由官方公布于网络的军事手册，可以从任何地区免费查阅，故可能是所有军事手册中传播最广的一部。至少有数以千计的对此主题感兴趣的法律顾问和学者都下载过这份手册。

也许大家已经注意到了，我们中有一人缺席了，很遗憾，冯·海内格教授（Wolff Henchel von Heinegg）无法出席我们今天的会议。但是值得高兴的是，弗莱克博士（Dieter Fleck）同样也参与了起草和编撰《德国手册》的工作，这正是冯·海内格教授原定的发言主题。出于以

---

[*] 彼得·奥特肯（Peter Otken）是丹麦军法总署的军法官。

[1] Anthony P.V. Rogers and Paul Malherbe, *Fight It Right: Model Manual on the Law of Armed Conflict for Armed Forces*, International Committee of the Red Cross, 1999.

[2] Anthony P.V. Rogers, *Law on the Battlefield*, 2nd ed., Juris Publishing, 2004.

上考虑，根据我们的建议，弗莱克博士在与我们探讨军事手册和多国维和行动所面临的挑战之外，还会在发言之初围绕《德国手册》额外补充一些内容。作为剑桥大学出版社出版的《德国手册》评注版的编辑，弗莱克博士自然会让大家大开眼界。在《英国手册》出版前，《德国手册》可能是最全面也是最容易获得的有关人道法的国际性参考文件。如今，弗莱克博士正着手编撰手册评注版的第二版。

8

英国武装冲突法手册

安东尼·P·V·罗杰斯 （Anthony P.V. Rogers）[*]

8.1.　《英国武装冲突法手册》的编撰历史

《英国武装冲突法手册》（以下简称为《英国手册》——译者注）的编撰历史很有意思，因为从很多方面来看，它是一本反面教材！

1914 年之前，尽管市面上也能找到通过商业渠道公开发行的涵盖此主题的书籍，但是确切地说，英国还没有一份官方发布的关于武装冲突法的军事手册。[1] 官方出版物中的《野战勤务袖珍手册》[2] 除包含有关骑兵师编成、有帐营地搭建和营地厕所挖掘等有用信息外，又收录了 1906 年的《日内瓦公约》[3] 和 1907 年的《海牙公约》[4]，但是并未附加任何说明或评论。

官方发行的《英国军事法手册》（Manual of Military Law）收录了 1881 年《陆军法案》及有关的二级立法条款（subordinate legislation；二级立法又称附属立法，是英国议会制下所有非议会法案形式的立法，其地位类似行政法规——校者注）和解释材料。这部手册于 1914 年经过修订后，新增加了与陆战法规有关的第十四章，这一章是由知名国际法学家拉萨·奥本海（Lassa Oppenheim）教授在埃德蒙中校（James E. Edmonds）的协助下撰写而成的。这一章在 1936 年经过了一次修订。

---

[*]　安东尼·P·V·罗杰斯是剑桥大学法学院约克特聘客座教授和劳特派特国际法中心的高级研究员；军队法律事务部的前主任；著有由曼切斯特大学出版的获奖作品《战场上的法律》（2004 年第二版）；英国国防部《武装冲突法手册》的总编辑（由剑桥大学出版社 2004 年出版）。本文仅代表作者的个人观点，与英国政府和英国国防部无关。

[1]　例如, Thomas Barclay, *The Law and Usage of War*, Constable, 1914.

[2]　General Staff, War Office, *Field Service Pocket Book*, His Majesty's Stationery Office, 1914.

[3]　Geneva Convention for the Amelioration of the Condition of the Wounded and Sick in Armed Forces in the Field of August 12, 1949 (https://www.legal-tools.org/doc/db95d2/), printed in Dietrich Schindler and Jiri Toman (eds.), *The Law of Armed Conflicts*, 3rd ed., Martinus Nijhoff Publishers/Henry Dunant Institute, 1988, p. 302 *et seq.*

[4]　Regulations Respecting the Laws and Customs of War on Land, annexed to Convention (IV) Respecting the Laws and Customs of War on Land, printed in Adam Roberts and Richard Guelff (eds.), *Documents on the Law of War*, 3rd ed., Oxford University Press, 2000, p. 73 *et seq.* (https://www.legal-tools.org/doc/fa0161/).

　　一系列的新发展，包括第二次世界大战中的各种经历，战后的诸多战犯审判，以及 1949 年《日内瓦四公约》的通过，均要求英国推出新的战争法手册。1958 年时，英国围绕战争法这一主题推出了一本专门的著作；它系作为英国《军事法手册》（Manual of Military Law）的第三部分发布的，并采用了"陆战法"（The Law of War on Land）这一副标题。[5] 这本手册的作者是赫希·劳特派特（Hersch Lauterpacht）教授和后来亦成为教授的杰拉尔德·德雷珀中校（Gerald Draper）。

　　各国在 1977 年对日内瓦四公约两个附加议定书的采纳使英国有必要推出一份新的手册。英国首次明确决定要为皇家海军、陆军和皇家空军这三个军种编撰一部通用的军事手册。值得注意的是，在此之前，每个军种的法律部门负责编写本军种的法律手册。陆军的手册名为《军事法手册》，到目前为止共包括四卷，[6] 由英国皇家文书出版署代表陆军部出版。

　　新版武装冲突法手册最终在 2004 年由牛津大学出版社出版，定名为《武装冲突法手册》（即《英国手册》）。克里斯托弗·格林伍德教授（Christopher Greenwood）担任了这部手册的学术顾问，此外还有许多其他供稿人。这部手册的编撰沿袭了学术研究和军队实践相结合的方法，这也是先前的著作所采取的策略。

　　新手册的编撰工作始于 1978 年，由各军种的法律部门合作编撰。手册最初设计包含 21 个章节，由陆军法律事务局主任负责 14 个有关陆战规则的章节和总论章节，由空军法律事务局主任和海军总军法官分别负责其余的有关空战和海战规则的章节。一位拥有陆军中校军衔的军队律师被委任为手册的主编。1978 年至 1982 年期间他主持起草了大量有关陆战法规的章节，有关海军和空军的章节则由其他作者们独立撰写。到 1982 年英国在南大西洋开展军事行动时（即福克兰战争/马岛战争期间——校者注），手册的初稿已经完成了大部分内容。

　　自手册编写之初，人们就在"到底需要什么类型的手册"的问题上发生了分歧。一些作者喜欢相对非正式的行文风格，故偏离了条约文

---

[5]　编者按：本书的其他地方将这部著作称为 1958 年版《陆战战争法手册》。

[6]　《英国军事法手册》第一部分主要包含有关军事法庭和执行军事纪律的法律规定；第二部分覆盖了其他法律问题，如征兵和服役条款，预备役部队和对民事机构的军事援助；第三部分主要讨论陆战法。第四卷名为"针对第一部分关于随军平民人员的补充"，主要论述了关于随军非现役人员可适用军事法律的法律规定。

本的措辞；另一些作者则更为青睐严谨的学者式风格，对条约文本的措辞十分注意。一些作者视此书为军事人员的便携手册，而另一些作者则认为它是一本法律教科书。依我个人之见，除非一些关键因素发生变化，例如法律有变更，[7] 新的法律出台[8] 或其他文本有更新的需要，脱离 1958 年版军事手册的文本来重新创作便是多余的。

工作开始后，人们期待北大西洋公约组织成员国会在国内努力推动批准两部《附加议定书》并尽可能地对议定书条款作出统一的解释，而且在关键性的、有争议的事项上，在各自的手册中用统一的语言进行解释。然而这一愿景由于北约成员国推动条约通过的速度快慢不一最终未能实现。[9] 但是这么些年来，众多英语国家[10] 的代表们确实做到了定期通信交流和召开会议，以探讨专门领域和手册起草的问题。

截止 1986 年，我们已经有了一份附有索引的手册完整初稿，只等两部《附加议定书》在英国批准通过。到目前为止，美国已经公开声明拒绝批准两部《附加议定书》。1987 年，为使文本更接近早期手册风格以及现有的条约语言，有关人员对草拟稿进行修订。1958 年版手册的一大缺陷是作者倾向于总结或改述条约语言。而 1987 年版草稿在必要或合理的情况下直接原文引用有关条约语言，因而在内容与 1958 年手册存在区别。

1994 年至 1997 年间，由于有了 1991 年海湾战争中的军事行动经历，草拟稿再一次被修改，最初几个章节的修改尤为明显，讲述敌对行为的第五章和关于武器的第六章则是被彻底重写。在此阶段，格林伍德教授被任命为该项目的学术顾问。

在这之后我们静候批准条约的决定。1998 年在布莱尔政府执政后没多久就决定批准两部《附加议定书》。两部《附加议定书》的批准意味着编写手册的工作成为优先事项。英军联合条令与理念中心（Joint Doctrine and Concepts）主任从各军种法律事务局律师手里接管了编写手册的任务并指派了一名项目军官，一个编辑委员会和一名新的总编辑，最终完成了编撰工作。《武装冲突法手册》中还增加了英军在科索

---

[7]　例如，因为《第一附加议定书》第二部分对伤病者和遇船难者的影响。

[8]　例如，《第一附加议定书》关于第四部分论及敌对行动的新条款。

[9]　例如，意大利、德国与英国先后于 1986、1991 和 1998 年批准了《附加议定书》，然而美国至今仍未将其批准。

[10]　这些国家包括澳大利亚、加拿大、新西兰、英国和美国。已故的丹麦人布丽奇特·尤尔（Brigitte Juul）曾参加了我们的部分会议。

沃和阿富汗的军事行动经验。在 2003 年的伊拉克战争期间，这部手册的草拟稿试发布，并在英军的军事行动中得到试用和检验。2004 年这部手册终于被批准并出版。

编辑团队所面临的困难主要涉及海战、中立，和人权方面的问题。最后编辑团队决定在有关海战的章节采用《圣雷莫手册》的内容，再添加了一些评注之后，就用它替代了原先起草的海战法章节。关于中立法的章节并未录入手册中，主要是因为对这个法律领域的问题还在进行更深入的研究，如果要将这部分内容写进手册就会导致整个手册延期出版，但手册里还是有一些从《圣莫雷手册》中引用的关于中立法的资料。与之类似，人权法也没有被写入手册，但手册中的其他部分对人权法有所提及。

8.2. 经验教训

8.2.1. 编撰手册是否必要？

如今我们已经不太可能像 1914 年以前那样，仅仅将国家加入的条约文本印刷出版了事。或许在 1949 年《日内瓦四公约》签订时，这种公布条约文本并配以一些说明性注释做法还行得通，这是因为那些条约的语言相对直白易懂，而且每部条约只规定了一个领域的法律问题。但是《第一附加议定书》使情况变得更加复杂，《第一附加议定书》甚至对《日内瓦四公约》及一些后来的条约产生了影响。为了在协商时达成一致同意，《第一附加议定书》的措辞并非总是清楚明白的，要理解各国在批准时发布的声明也得费一番思量。特别是与敌对行为相关的内容，也许得需要实践方面的指导。所有这一切都需要编撰一部军事手册，对手册的需求也可能有政治上的原因，因为它代表了一个国家的法律视角。

一旦决定了要编辑一本手册，一些问题就很值得花点时间来考虑，例如手册的目的，以及如何才能编撰一部最好的手册等。在英国，我们常常一边推进工作一边继续思考这些问题。不过，当初一些参与编辑手册的人们在脑海深处总是想着只需将 1958 年手册加以更新、扩展即可。

8.2.2. 手册应采取何种形式？

我们认为普及和传播武装冲突法需要做好四个层面的工作:

1. 士兵用的备忘录卡片，上面记录着"士兵守则"。英国的卡片编号为 JSP381；[11]

2. 初级军官和士官用的小册子。在英国军队，这种小册子的编号是 AC71130；

3. 部队指挥官用的军事行动法手册。据作者本人所知，这样的手册目前在英国还没有；[12]

4. 武装冲突法手册。英国内部版手册的编号是 JSP383。

8.2.3.　目的以及阅读对象

《英国手册》的序言表明手册是"英国国防部及其他部门的武装部队成员和官员使用的参考文件"。当然，在开始这个项目之前，明确项目的目的是很重要的。

8.2.4.　法律教科书还是军事行动实用手册？

这个问题是二十年前一位高级军官提出的，而答案似乎就在这段话里，"用我们听得懂的语言教会我们法律，我们就会把法律运用到具体行动中去。"这段话是在培训指挥官们以多种多样的方式执行军事法这样的背景下说出来的。在欧洲人权法院审理了数起案件，进而兵役法被修订之后，从事法律事务的外行人数在减少，更多的律师参与到军事司法过程中来。虽然手册仍然要以一部受到认可的学术性教科书作为基础，但是总体趋势是编写实用型手册。

8.2.5.　谁来起草编撰？

问题的答案取决于到底选择行动实用型还是法律型手册。小型的编辑团队通常意味着更好的凝聚力，但他们可能无法全面掌握一个越来越复杂的主题。编辑团队需要在一开始就对手册的目的、采用的方法

---

[11]　这一文件可以从以下网址下载：https://www.legal-tools.org/doc/6ow8vo/.

[12]　尽管这样一本行动法手册还没有被编纂出来，关于各种军事条例的出版物却不在少数，例如有关于战俘，被拘禁者和被拘留者的处置问题的文件，还有关于联合行动的法律问题的文件。参见，例如 *Joint Doctrine Publication 1–10: Prisoners of War, Internees and Detainees*, 12 May 2006；这一文件可以从以下网址下载：https://www.legal-tools.org/doc/kceltu/。

论以及呈现材料的方式有一个统一的认识。合作编辑人员之间的分歧会对工作造成损害，最坏情况下甚至可能带来灾难性后果。

8.2.6. 内容

手册的内容是否应当只关注武装冲突法，还是要兼顾包括人权法在内的其他相关法律领域？如何完成这个目标？这些都是编辑团队在一开始时就需要回答的问题。一本手册措辞会在很大程度上影响这部手册是否易于阅读。编写《英国手册》时，我们尝试用直白的、标准的英语措辞，避免使用法律术语和行话，这样一来即使没有军事和法律背景的人也能够理解这本手册。

8.2.7. 材料组织方式

手册中应该遵照通常的法律条目规范，还是根据不同的军事情况来组织和呈现材料？答案取决于编撰手册的类型，后一种材料组织方式更适合编撰一部实用型的军事行动法律手册。

8.2.8. 文本

对于条约文本，是应当直接引用还是予以消化加工和改述，应当总结概括还是以附录形式说明？我们的决定是用总结概括或表述其含义的方式来呈现条约文本。但是在原文本来就很清楚时，我们会用引号直接引用。由于改述（paraphrasing）有失精确，我个人对这种方法并不热衷。但 1958 年编撰手册时，采取的就是这种方式，而对 1958 年的手册文本进行更改的意义不大，除非能找到一个更好的理由。我们还决定不将条约原文作为附录附在手册之后，因为在商业出版物中找到条约原文并非难事。

对于文本的处理方式，我更倾向于：①提出法律规则；②给出必要的定义、阐释和参照引用的内容；③就武装部队实际实施这一规则提供指导性意见；④给出范例：可以是历史上发生过的事件，也可以是虚构的场景。在《英国手册》中，我们决定不使用历史性事件作为范例，除非这些事件被法庭在判决中提及，或是有足够充分的记录。

8.2.9. 编排格式

编辑团队还需考虑手册所应采用的编排格式，例如，如果是一本纸质书的话，那么是应选择活页方式，还是装订成册；如果是电子版，是应选择在网上公开发行，还是存储在光盘或闪存等存储器里。鉴于重量和空间的限制，军事行动法律手册应当易于携带而且便于使用的。同时还要考虑通过补充和修订的方式来更新手册的最佳方式是什么，有时这可能是一个持续的动态过程，当前军事行动中的经验教训一旦成熟就可以很快传播开去，有些信息可能是机密情报，因此还需要考虑信息的安全性。获得《英国武装冲突法手册》的方式有两种：一般公众都可以获得的商业出版的单行本手册，以及专供国防部和军方使用的内部发行的活页版手册。

8.3.　补充说明

据说 1958 年《军事法手册：陆战法》还是很不错的，唯一遗憾的是这部手册竟然是印在糯米纸上，而且是用鞋带将书页固定在一起的！2004 年版的《英国手册》看起来还不错，由牛津大学出版社出版，但其内容的优劣还是交给读者自己来判断吧。

9

—————

对于加拿大《武装冲突法手册》
编撰经历的反思

威廉·J·芬瑞克 （William J. Fenrick）[*]

  编撰武装冲突法军事手册的目的在于促进国家履行在武装冲突法或国际人道法下的义务。如果一个国家从不介入武装冲突，那么也许它对武装冲突法手册的需求就很小。加拿大人倾向于认为本国是一个非军事化国家。每当加拿大人要在社会公共项目开支和武装部队开支之间做选择时，社会公共项目总是占据上风。正如以下军队伤亡数字所显示的那样，我们并不会缺席世界大战，有时也参与到少数其他冲突中。在 1899–1902 年的南非战争中，有 240 名加拿大士兵牺牲。在第一次世界大战期间，有 66,685 名加拿大士兵牺牲。在第二次世界大战中，有 44893 名加拿大士兵牺牲。在朝鲜战争中，有 516 名加拿大士兵牺牲。在各种维和行动中，共有 121 名加拿大士兵牺牲。而在军事行动尚未结束的阿富汗，截止今日有 74 名加拿大士兵牺牲。加拿大从不独自介入战争，但加拿大一直是各种联盟的成员，因此联盟内部的协同和相互支持对我们而言总是很重要的。加拿大的特点包括其非军事化的态度，对国防投入不甚热衷，以及重视联盟内部的协同互通，这些特点和及其有关军事手册的经验和也许对北欧诸国有特别的借鉴意义，就如同我们具有同样的长期在冰雪气候中生存的经验一样。加拿大当前介入阿富汗战争的情况表明，直到今天加拿大军队仍在参与武装冲突，而这也许出乎大多数加拿大人的意料。加拿大于 1965 年批准了 1949 年《日内瓦四公约》，于 1990 年批准了 1977 年两部《附加议定书》。上述加拿大军队参与武装冲突的可能性，以及加拿大已经批准或加入大多数武装冲突法条约的事实，使得加拿大有义务采取适当的措施，以保证其部队在进行军事行动时尊重武装冲突法。

  加拿大于 2001 年批准通过了《联合作战条例手册》（Joint Doctrine Manual）和《战役战术和军事行动中的武装冲突法》（Law of Armed

---

[*] 威廉·J·芬瑞克在达尔豪斯大学（Dalhousie University）法学院教授国际刑法和国际人道法。他曾在加拿大军队服役，1962 年至 1970 年间是海军学员和海军尉官，1973 年

Conflict at the Operational and Tactical Levels）[1]，这是加拿大为履行其承担的武装冲突法义务而采取的措施之一，但这绝不是加拿大为履行义务所采取的唯一措施。加拿大还就诸如目标选择等方面的各种相关事项启动了培训和指导项目，而且自 1990 年至 1991 年的海湾战争后，加拿大就在其海外部署的各种主要军事行动中配备了军队律师。例如，到目前为止，加拿大在阿富汗行动中有七名军队律师，在刚果的军事行动中有两名军队律师，在达尔富尔的军事行动中有一名军队律师。

当我在 1962 年以 18 岁的海军军校学员身份加入加拿大皇家海军时，情况又与现在大不相同。在 1962 年至 1970 年间，我从海军学员晋升成为海军尉官，在这期间我唯一一次接触武装冲突法的经历，是观看了一部反映二战时战俘安置问题的美国海军电影。这部电影的主要内容是关于一群脾气暴躁的德国潜艇船员被俘获的故事，电影强调应该在俘获敌人后妥善安置他们，以便从中获取情报。影片以一枚爆炸的深水炸弹和它的隆隆声响作为结束场景，并重点指出，如果我们在行动时遵守法律，那么我们就能够消灭所有的敌人。那时，我就已经开始怀疑武装冲突法是不是仅仅是一个幻想。

成为军队律师后，我首次接触武装冲突法的经历则又与此前的体验截然不同。那是 1974 年的夏天，我被派往弗吉尼亚州夏洛茨维尔的美国陆军军法局法律中心和学校，参加为期一周的战争法基本课程学习。那时越南战争逐渐走向尾声，美国陆军正在从那场战争里总结经验教训，他们尤其意识到遵守武装冲突法对维持国内民众支持的重要性。课程非常精彩，激发了我为之倾注一生的兴趣。这门课上有一位名叫海斯·帕克斯（Hays Parks）的精力充沛的老师，他当时非常年轻（我们谁又没年轻过呢）。当时他是从海军陆战队交换过来的这个领域的军官。我们如今是研究武装冲突法的法律实务工作者，在我们眼里，海斯后来成为了这一法律领域中的领军人物。很遗憾，巨大的工作压力让他没有机会参加这次以武装冲突法为主题的研讨会。我知道，主办方已经用尽一切可能的方式，做了一切努力希望邀请美国的代表参与此次研讨会，但那些努力并没有奏效。在我看来，尽管"九·一一"事件后产生了一

至 1994 年间担任军队律师，1994 年至 2004 年间担任前南斯拉夫问题国际刑事法庭检察官办公室的资深法律顾问。本文观点仅代表作者的个人观点，与其所属的任何机构无关。

[1]　本文件从以下网址下载：https://www.legal-tools.org/doc/075582/.

些问题，美国军队也已经发展出了一套比其他国家更详细的遵守和实施武装冲突法的程序规则。

我结束了美国陆军培训课程返回后，开始就武装冲突法手册及武装冲突法训练相关问题调查加拿大的情况。一直到 1974 年，加拿大军队对武装冲突法的关注都很少。在加拿大曾有一本《加拿大日内瓦四公约手册》的小册子，其实质是对红十字国际委员会关于 1949 年《日内瓦四公约》的评注的翻版和简化。此外还有一本《部队用日内瓦四公约指南》。当时大多数甚至是所有武装冲突法的培训课程，都是在连排级或军事院校里由非律师人员指导完成的，这种培训的效果不得而知。在渥太华的军法署办公室，曾经有一个部门专门研究国际法问题，但那个部门的关注点似乎在军队地位等问题上。一位名为杰克·伍尔夫（Jack Wolfe）的资深军队律师后来成为军法署署长，他当时几乎将全部时间都投入到协商谈判两个《附加议定书》的工作中。那时还没有与空军或海军行动相关的武装冲突法军事手册。当时在各个军队法律办公室都可见到英国 1958 年版的《陆战战法手册》，但我怀疑除了杰克·伍尔夫和我之外没有人读过，军队法律部门几乎只关注军事司法和国内法律问题。

1977 年时，杰克·伍尔夫已经是军法署署长了，而我则幸运地调到我们的国际法律处。伍尔夫署长由于参加了两个《附加议定书》的谈判磋商工作而赫赫有名。莱斯利·格林（Leslie Green）是加拿大一位杰出的法律教授和武装冲突法领域的专家。后来伍尔夫署长邀请莱斯利·格林教授利用自己的公休年完成了加拿大武装冲突法手册的初稿，这一举措使加拿大军队逐渐改变了对于武装冲突法冷淡漠视的态度。在 1979 年至 1980 年间，我还是军法署国际法律处的初级指导员（拥有一年资历的少校），而阿曼德·德罗什（Armand Des Roches）是当时新成立的法律培训处的处长，他后来成为了爱德华王子岛首席大法官。莱斯利教授的办公室与法律培训处处长的办公室在一起，我与莱斯利教授在编写手册初稿的过程中，在工作上进行过十分密切的交流。当时中校军衔的德罗什和我都参与了莱斯利教授编写手册的工作，当然那部手册是莱斯利教授主笔的。在与莱斯利教授一起工作的过程中，我学到了很多东西。莱斯利教授在 1980 年的夏天完成了初稿。在现在看来，那是第一部试图涵盖陆战、海战和空战的非常全面的手册初稿，也是第一部吸收了两部《附加议定书》内容的手册初稿。在开始这个项目之前，我们曾努力争取获得所有我们知道的国家的军事手册。格林教授编写手册初稿所参考的范本，是赫希·劳特派特爵士和杰拉尔德·德雷珀合编的 1958 年版的英国《军事法手册：陆战法》，但很显然这两部手册在内容上存在极大的差异。莱斯利教授后来于 1993 年出版了第一版《当代武装冲突法》。他在序言里提到，该书"源于"[2] 他曾编写的《加拿大手册》，而且采用了与其同样的章节标题。

一两年后，我被任命为法律培训处处长并额外承担了起草第二版《加拿大手册》的任务。这个任务是在莱斯利教授的初稿的基础上展开的，涉及到对法律的再评估问题，而且要与部队指挥官进行交流以保证手册文本能够被非法律专业人士理解。在我看来，1984 年完成的手册的第二份草稿已经是一份完整的、有用的文本。然而当时还是存在一些问题，一是除我之外，这本手册还未获得过任何人的核准；二是它是用英语写成的，而官方的《加拿大军队手册》必须有英语和法语两种版本；三是编撰手册时本以为加拿大会批准两部《附加议定书》，可实际上直到 1990 年加拿大才批准。直到我从加拿大军队退休后 1994 年任职于前南斯拉夫问题问题国际刑事法庭时，手册的第二部草稿依然是草稿，但是这一草稿一直在加拿大军队内部广泛使用，还大量地流传到了国外。它和相关条约文本一起在培训课程中使用，尤其是自 1985 年起，为军队律师和其他军官开设的为期一周的武装冲突法基本课程中，都使用了这部手册草稿。此外，这部人们还在目标选择的问题上参考了这一草稿；在 1990 年至 1991 年海湾战争期间，海军和空军的配属律师起草交战规则时也参考了这部手册草稿。一般而言，加拿大的交战规则是由位于渥太华的国防司令部主持编写的，但是在海湾战争中，加拿大是多国联军的一部分，很有必要将战场上的情况写入多国联军的交战规则。由于加拿大手册草案是第一个兼顾陆战、空战和海战的手册，其他国家也发现手册的作用很大。的确如此，我能想到的就有不止一个国家在一段时期内官方批准了国家手册，而他们的手册内容与加拿大的手册草稿极为相近，只是所有指称加拿大的地方都被删去，取而代之以另一个国家的名字。我们偶尔也会借鉴其他国家的军事手册和培训项目。如前所述，我们借鉴了 1958 年版英国的《陆战法手册》。我们有时也会借鉴美国的材料，也支持我们的军队律师前去参加和学习由美国

---

[2]　Leslie C. Green, *The Contemporary Law of Armed Conflict*, 3rd ed., Manchester University Press, 2008, p. xviii.

军队开设的战争法课程。有一本极有价值的美国出版物《海上行动法指挥官手册》（US Navy Commander's Handbook）以及其评注增补本。[3] 这本手册探讨了和平时期的海军行动法和海战法。曾有一段时间，我们的海军司令部采用了美国《海上行动法指挥官手册》来代表官方立场，一起使用的还有一本加拿大的附录，上面列出了加拿大在适用部分有关海洋法和战争法的法律时，采取的不同策略。在我担任军队律师的这段时期里，在加拿大工作的我们同样从年度研讨会中受益良多。随着时间的推移，研讨会逐渐发展成了五国间的研讨，[4] 即澳大利亚、加拿大、新西兰、英国、美国，后来再加上丹麦的战争法手册工作组。我希望这种研讨会能够继续开展下去。

在我退休之后，我在加拿大军队的同事和继任者们进一步完善和拓展了加拿大在武装冲突法方面的出版物、官方原则以及培训项目。如前所示，现在主要的出版物是 2001 年官方批准的《联合作战条例手册》（Joint Doctrine Manual），有英、法两种语言版本，收录了所有武装冲突法条约和加拿大军队的相关立法的《武装冲突法文集》。[5] 筹备编撰《联合作战条例手册》的团队负责人是斯特凡·布尔贡（Stephane Bourgon）少校，他后来成为了前南刑庭的辩护律师，当时他在中校军衔的肯尼斯·沃特金斯（Kenneth Watkin）的手下工作，沃特金斯现任加拿大军法署署长。《联合作战条例手册》更新并取代了手册的草稿以及其他所有的武装冲突法出版物。另外，加拿大军队推出了短小精悍的《加拿大军队人员行为规范》，它由七条守则组成，为武装冲突法提供了一份简洁的概要，加拿大全体军队成员的培训中使用了这部《加拿大军队人员行为规范》。《联合作战条例手册》风格上约略近似于美国《海上行动法指挥官手册》因为本质上它就是对法律的总结性表述，而不是一本详细的法律教材。在我印象中，加拿大军队愿意编写更高层次和更加详细的武装冲突法手册，风格上近似于英国 1958 年版的《陆战法手

---

[3]   Naval War College, *Annotated Supplement to the Commander's Handbook on the Law of Naval Operations*, 1997, reproduced in A.R. Thomas and James C. Duncan (eds.), *International Law Studies* ("Blue Book" series), Vol. 73, Naval War College, 1999 (https://www.legal-tools.org/doc/467whc/).

[4]   编者按："AUSCANZUKUS"，代表澳大利亚，加拿大，新西兰，英国和美国。

[5]   Canada, National Defence Department, "Collection of Documents on the Law of Armed Conflicts", 2005 (https://www.legal-tools.org/doc/1iwrkf/).

册》和 2004 年版的英国《武装冲突法手册》以及美国《海上行动法指挥官手册》及其评注增补本。

《联合作战条例手册》是由军法署办公室筹划准备的，这在序言中也提到过，军法署办公室的职责之一便是处置武装冲突法相关事务，这部手册是由国防参谋长批准发行的。这部文件向公众公开，但它的内容并未得到其他政府部门的批准。编撰这部手册的目的是：

> 为指挥官、参谋军官和指导武装冲突法训练人员提供一部武装冲突法出版物以及实践性指南。该手册设计的理念是，在战术和军事行动层面适用武装冲突法相关原则，并且为加拿大所有军队人员必修的武装冲突法课程提供主要的教学准备材料。[6]

这部手册并不涵盖使用武力的合法性问题，即诉诸战争权的问题，它处置的是同时适用于国际性和非国际性武装冲突的武装冲突法，这两部分都有单独章节阐述。这部手册表达了加拿大对相关条约和适用于武装冲突的习惯法——除了加拿大在签署条约时做出明确保留或谅解声明的条款之外——的理解，这些解释应该是被广为接受的。这部手册强调实用性，它并没有试图详尽无遗地包括一切内容，而是着意去用最简单和清楚的词汇来表述法律问题。它的序言中指出：

> 这部手册对《加拿大军队人员行为规范》做了补充，后者依据加拿大军队在武装冲突法上的政策，确立了运用武装冲突法的最基本的原则和精神，以供任何参加加拿大军事行动（并非在加拿大国内行动）的加拿大所有军队人员遵守。确切地说，该手册并不适用于国内执法行动。[7]

进一步讲，尽管《联合作战条例手册》包含了指导性意见，但它本身并不是一个具有法律约束力的文件。单独的法律文件，例如加拿大通过的《国防法案》，《刑事法典》和 2000 年颁布的、用以执行《国际

---

[6]　Office of the Judge Advocate General, *Joint Doctrine Manual Law of Armed Conflict at the Operational and Tactical Levels*, B-GJ-005-104/FP-021, p. i (https://www.legal-tools.org/doc/075582/).

[7]　*Ibid.*

刑事法院罗马规约》[8] 的《惩治危害人类罪和战争罪法案》都包含了相关的惩罚条款和个人承担刑事责任的方式。

最晚从 20 世纪 70 年代起，加拿大的高级军事及军事法律当局就认为，将有限的资源投入到拓展武装冲突法专业知识的训练以及编写加拿大《武装冲突法手册》是非常重要的事情。刚开始时，编写一部手册对加拿大来说至关重要，因为还从未有过一部阐述适用于陆海空军事行动的当代武装冲突法为内容的手册。现在别的国家有这样的手册，尤其值得称赞的是 2004 年版《英国武装冲突法手册》，因此，借鉴和改编其他国家的手册也许更加容易些。在我看来，加拿大拥有自己的手册仍然很重要，因为加拿大是一个独立国家，有义务在武装冲突法的问题上有自己的思考。这么说来，我们的部队决不是在孤军奋战，这个事实值得我们为与盟友和友好国家保持协调而解释武装冲突法做出的每一份努力。

我参与筹备编撰的军事手册初稿以及《联合作战条例手册》很好地总结表述了那些可以分别适用于国际性和非国际武装冲突的习惯国际法，以及基于国家签署的条约的国际人道法或武装冲突法，问题是现实往往要比法律情况棘手得多。当加拿大军队参加维护和平行动或是支援和平行动时，应该适用哪一种法律呢？当加拿大军队在国外，像是在阿富汗这种国家，为支持已被其承认的政府而与反对派武装集团发生武装冲突时，应当适用哪一种法律呢？还有一些极其常见的特定情况，例如部署在国外的本国武装力量的任务是参与临近地区的重建工作和控制动乱之类的执法型行动中，同时还要与有组织的武装集团交战，这时应当适用怎样的法律？而且依据加拿大的情况，我们过去都倾向于将参与维和行动部署的部队的行动控制权移交给联合国指定的指挥官。现实生活的复杂性并不能成为放弃编写武装冲突法手册或是拒绝起草、批准这些手册的理由。还需要注意到，包括加拿大在内的数个国家已经批准了精简版的《行为规范》或《士兵守则》，这些手册里面包含了一套简易的而且应当被适用到一切与冲突有关的情形中去（国内执法行动除外）的规则。然而，现实的复杂性也许需要国家在批准条约后，出台经过修订的国家政策。这样做的结果是，武装部队或许需要承担比严格解释国际法更加严苛的义务。尽管对法律进行技术性地解

---

8   Rome Statute of the International Criminal Court, 17 July 1998 (https://www.legal-tools.org/doc/7b9af9/).

读之后，可能得出的结论是，武装部队参与的是非国际性武装冲突，但这时仍然提倡这些部队遵守那些适用于国际性武装冲突的更高的标准。的确，有许多国家的武装部队更愿意按照统一的标准来进行培训，当涉及到与国际人道法或武装冲突法相关的事项时，这个统一的标准就变成了适用于国际性武装冲突的法律规则。这时，要求部署在海外开展行动的武装部队在任何情况下，都遵守与适用于国际性武装冲突的国际人道法或武装冲突法的政策，也许没就那么困难。举例而言，加拿大军队在介入阿富汗冲突时究竟应该适用哪种法律的问题虽然有讨论的空间，但加拿大军队已经提前对此做出了安排，要求部队统一按照 1949 年的《日内瓦四公约》的全部内容来对待一切被拘禁者，而不仅仅是依照《日内瓦四公约》的共同第三条来执行。

我希望在此分享一些我个人就武装冲突法手册的思考来为本文收尾。这些思考分别来自于我作为军队法律顾问协助起草国家手册、为军队提供武装冲突法训练的经历，以及我在前南刑庭检察官办公室工作期间，"消费"手册的经历。

- 应该事先就手册的目标受众做精准的界定，并在此基础上尽全力保证目标受众有能力读懂手册。为非法律从业人员准备的手册，如果满篇都是法律专业术语的话，也许看上去更彰显才华，但这样却无法把意思传达给读者。也许有必要编写多部军事手册，每一部都可以采用不同的详细程度和篇幅。我认为，阅读对象首先应当包括非武装冲突法专家的律师和军官团体。针对这部分读者或者层次更高的读者群体，应提供相关条约文本的汇编。据我所知，这正是英国、美国和加拿大的军队采取的方法，我认为这是一个好主意。毕竟，条约文本和手册并不能互相替代。

- 法律研究工具，包括电子化的分析型数据库，例如为国际刑事法庭开发的"案件矩阵"（Case Matrix），它们也不能与手册互相替代。

- 有人可能认为，手册应当涵盖很多法律领域的问题，从诉诸战争权到武装冲突法、海洋法、国际刑法，再到国际人权法。我认为这种军事手册应当被限定在武装冲突法的范围内，但它们也应该包含与国际性和非国际性武装冲突有关的法律，而且如果有的话，还应当包含一些政策声明，阐述一国是否认为有关国际性武装冲突的法律应该被适用于所有类型的武装冲突中。

– 还有一个极其重要的问题是应该由谁来起草手册。我认为，手册应当由那些被公认拥有武装冲突法的专业知识，能够从军事实践的视角出发，而且文风流畅清晰（这就淘汰了一大批律师人选）的人来执笔。对于法律爱好者和业余人士来说，撰写手册并不是一件简单容易的任务。英国和加拿大一直依赖军队律师和法律学术专家的协作。

– 应该由谁来批准手册也是一个极其重要的问题。如果要让手册本身具有法律约束力，那么政府的批准便可能是不可或缺的。大多数手册仅仅提供了指导性意见，但愿这些意见都是准确的。对于这些提供指导性意见的手册而言，有相关部门的批准就已经足够。

– 手册应当涵盖武装冲突法的方方面面，但应特别强调该领域内与行动中的士兵切身相关的内容。而且如果有必要的话，对时效性不强的事项可以适当减少笔墨。

– 手册应当特别重视与目标选择、比例原则和作战的方法与手段相关的内容。

– 手册应当附带一套简单的规则作为增补，例如《行为规范》、《士兵守则》等，它们可以在极短的篇幅内，为士兵们提供大量有关武装冲突法的关键知识点。

– 仅仅凭借一本手册不能确保对武装冲突法的遵守。二战时每个德国士兵的工资簿里都夹了一套《士兵守则》。南斯拉夫社会主义联邦共和国在 20 世纪 90 年代解体之前，几乎签订了所有的武装冲突法和人权法的条约，其军队也有一本自己的军事手册。而在红十字国际委员会的要求下，那些在前南斯拉夫领土上新出现的各个国家，也都匆匆赶往日内瓦签署了新的协议。然而以上这些措施都没能转化成良好的履约记录。

10

德国手册

沃尔夫·亨切尔·冯·海内格 （Wolff Henchel von Heinegg）[*]

引言

1992 年，德国颁布了《武装冲突中的人道法手册》（以下简称《德国手册》——译者注）。[1] 与其他国家不同的是，这部手册的编撰并不只是德国这一个国家辛苦努力的成果，而是十八个国家的政府专家，以及来自诸如红十字国际委员会、意大利圣雷莫国际人道主义法研究所（International Institute of Humanitarian Law）这类机构的国际人道法专家们共同努力的结晶。

手册最初的草案是由德国联邦国防部的成员和法律专家共同筹划准备的。后来德国又将这部初稿送到各盟国的国防部，红十字国际委员会和圣雷莫国际人道主义法研究所，请求这些部门和机构对这部手册初稿提出批评意见，并邀请它们参加此后在考布伦茨的德国联邦国防军内部领导中心（Zentrum Innere Führung）召开的国际专题研讨会上讨论了这部初稿（"Innere Führung"，中译"内部领导"或"道德领导及公民教育"，系二战后改造德国联邦军队的指导原则——校者注）。

《德国手册》在起草初期就吸纳了许多外国专家的意见和建议，后来证明这样的方式极其有益。一方面，这种方式能确保那些不必要的模糊观点和错误主张不会进入成稿。另一方面，这种安排促使德国与其盟国就手册草案中的问题进行非常细致的讨论与交流，因而也有助于盟国理解德国在相关问题上的立场。

当然，最终的手册并未吸纳外国专家们提出的所有批评和修改意见。《德国手册》并未偏离它的初衷，即这是一份关于德意志联邦共和国所理解的国际人道法的官方声明。因此，虽然这部手册是多方共同努力的成果，德国联邦国防部应为其内容负全部责任。

---

[*] 伍尔夫·海因茨舍尔·冯·海内格是德国奥德河畔法兰克福欧洲大学（Europa-Universität Viadrina）的公法教授，尤擅国际公法，欧洲法和外国宪法。

[1] ZDv 15/2 *Humanitäres Völkerrecht in bewaffneten Konflikten*, Handbuch, 1992 (https://www.legal-tools.org/doc/i0flex/).

10.1. 法律性质

《德国手册》是作为德国国防部《联合服役条例》（Zentrale Dienstvorschrift）之一来执行的，即是对德国各军种武装部队成员行为具有约束力的准则。手册中不仅收录了德国签署的国际条约，而且对德国及其军队必须承担的国际条约和习惯法义务做了改述释义。这部手册供各个层级序列的士兵和文职人员在上课、军事训练和一般培训时使用。因为这部手册是对德国全体武装部队成员都具有法律约束力的文件，所以手册重申并明确表示，德意志联邦共和国所承担的国际人道法义务"不仅对政府和军队最高指挥层适用，而且对德国的每一位公民个人都适用。"

在这些正式内容以外，这部手册还是一份政策声明。因此联邦其他部门，尤其是外交部，也都深度参与到了手册的起草过程中。

由于这部手册同时也是一份政策声明，手册内容因而也经常性地受到审查评估。经常性的审查评估同样也是为了能及时更新手册的内容，跟上法律的发展变化，并保障德国武装部队能够执行手册在 1992 年成型时尚未预料到的新型任务。如今有关部门正在筹划准备一份新的手册草案，或许能够在 2008 年付诸实践。

10.2. 《德国手册》解读国际人道法的方式

10.2.1. 总体情况

首先要考虑的也是最重要的问题是，一个国家的国际人道法手册的法律主题和范围，应当是由这个国家批准的国际条约中所规定的义务来决定的。因此，《德国手册》的内容与对德国有约束力的 1977 年两部《附加议定书》和其他一些国际条约有着密切的关系。

然而，《德国手册》中有些表述可能存在问题。这部手册的内容是在德译版的《第一附加议定书》的基础上编撰的。应该注意的是，就《第一附加议定书》而言，德语并不是该法律文件的正式语言。例如，根据《德国手册》德文原版第 456 段中的表述，"如果攻击预计会对平民造成损失或伤害，且损失或伤害与可预期的具体的直接军事利益相比损害过分"时，攻击应当被视为不分皂白的攻击。将第 456 段重新翻译成英文后与《第一附加议定书》第 51 条第 5 款第 2 项中的措辞更加接近，但仍然偏离了原文的措辞，因为"附带"（incidental）这个词被略去了。

另一个问题是，这部手册中仅仅重复了《第一附加议定书》中的一些条款，而没有具体说明德国对这些条款的理解。例如，《德国手册》第 517 段称："直接参加敌对行动的人无权主张享有国际人道法赋予平民的权利。"在当代军事行动中，许多行为都可能构成直接参加敌对行动。仅仅改述《第一附加议定书》第 51 条第 3 款和《第二附加议定书》第 13 条第 3 款并不能提供必要的指导。

国际人道法中的一部分内容在很早之前就被编纂成了成文法，而还有一部分则没有被完全编纂，或是只经过不完整的编纂。一部手册如果希望为本国武装部队提供该国政府对应适用的人道法提供明确的指引，手册内容就不能有任何模棱两可或是碎片化的问题。因此，为了弥补这方面的缺口，《德国手册》中包含了大量的解释性说明以及属于对国际法的逐步发展（progressive development）内容，这些内容包括：

- 非国际性武装冲突中适用的法律；
- 中立法；及
- 适用于联合国维和行动和其他联合国军事行动的法律。

10.2.2.　非国际性武装冲突

《德国手册》不再区分适用于国际性武装冲突和非国际性武装冲突的国际人道法原则和规则。依照手册第 211 段的表述，

> 德国及盟国军人需在一切军事行动中遵循国际人道法的规则，无论其所介入的武装冲突属于何种性质。

就是由于《德国手册》中的这条规定，使前南斯拉夫问题国际刑事法庭得出了适用于国际性和非国际性武装冲突的法律正在融合的结论。[2] 手册第 211 段究竟构成了反映实然法的证据，还是仅仅是德国政府的政策声明，尚有待观察。手册的新一版草案很有可能还是会选择传统的二分法来为不同类型的武装冲突适用不同的法律规则。尽管如此，手册也清楚地表明，尽管适用于非国际性武装冲突的法律规则没有得到完整地编纂，但这并不能免除德国士兵遵守那些所有职业军人都应当遵守的原则、规则和准则的义务。

2　International Criminal Tribunal for the Former Yugoslavia, *Prosecutor v. Duško Tadić a.k.a. "Dule"*, Decision on the Defence Motion for Interlocutory Appeal on Jurisdiction, 2 October 1995, IT-94-1-AR72, para. 118 (https://www.legal-tools.org/doc/80x1an/).

10.2.3. 中立

值得强调的是，《德国手册》显然认为中立法是国际人道法的一部分。手册称，"一国的中立状态，开始于其他国家之间爆发相当规模的武装冲突的那一刻"。在一定程度上，这种表述澄清了中立法适用范围的问题，而这是否准确反映了当前各国国家实践，却是值得怀疑。例如，法国一直声称中立法只适用于经过宣战而开战的情况，而瑞典似乎主张只有当没有参与国际性武装冲突的国家官方宣布其中立时，中立法才适用。至于说"相当规模的国际性武装冲突"这一概念是否有任何价值，亦尚无定论。这种表达方式是有问题的，因为它的暗示一旦一场国际性武装冲突达到"相当规模"的程度，作为第三方的国家自动受手册的第十一章中全部规则的拘束。更糟糕的是，这个声明似乎并没有反映德国在近期的国际性武装冲突中所持的立场，例如德国在 2003 年伊拉克战争中的立场。

10.2.4. 其他军事行动

在理想的情况下，一部武装冲突法手册应当包括适用于"非战争军事行动"的规则。如今，大多数国家的武装部队都会参与多国军事行动（包括在北大西洋公约组织和/或欧盟框架内的军事行动），且这些军事行动往往不构成国际性武装冲突；这些军事行动的法律基础或者是《联合国宪章》第七章，或者是《联合国宪章》第六章，或者同时基于这两章。

由于现行国际法还没有专门适用于上述军事行动的内容，一部军事手册因此至少应该清楚指出，国际人道法在何种情况下适用于维护和平行动、强制和平行动以及其他军事行动。根据 1999 年联合国《秘书长关于联合国部队遵守国际人道主义法的公告》（UN Secretary-General's Bulletin）：[3]

> 当联合国部队作为战斗员积极参与到武装冲突中时，在联合国部队成员积极参与冲突的全部期间，本公告中列举的国际人道法的基本原则和规则应当适用于这些联合国部队。当联合国派遣的执行和平行动或维护和平行动中允许使用

---

[3] Secretary-General's Bulletin: Observance by United Nations Forces of International Humanitarian Law, UN Doc. ST/SGB/1999/13, 6 August 1999, printed in Adam Roberts and Richard Guelff (eds.), *Documents on the Law of War*, 3rd ed., Oxford University Press, 2000, p. 725 *et seq.* (https://www.legal-tools.org/doc/fa0161/).

武力以自卫时，那么这些国际人道法原则和规则也适用于这样的联合国行动。[4]

《德国手册》在这点上规定得较为模糊，手册第 208 段仅称："联合国维和行动和其他军事行动同样需要遵守国际人道法。" 在大多数情况下，这种概括性表述会在具体行动中造成适得其反的效果，无益于找到成功的解决方案。因为如果按照字面含义来看，这段文字意味着武装部队是否处于武装冲突中并不重要。而现实是，适用于非武装冲突情形的法律与适用于存在武装冲突情形时的法律有着很大的差异。即使在武装冲突中，联合国安理会的决议也可能会更改那些可适用的国际人道法规则，如在 2003 年伊拉克战争的占领阶段，安理会发布的决议那样。现在有一些证据表明，对人员实施拘禁的事宜，应以联合国安理会相关决议为标准，而不是依据国际人道法或人权法的规则。

在任何情况下，一部现代意义上的军事手册，在描述那些适用于这些军事行动的法律时，应该尽可能地详尽。鉴于还不存在专门适用于维和行动的国际条约，而可适用的国际习惯法还远远不够清楚明确，所以为部署在境外的武装部队提供必要的指导性意见，就成为了每个国家政府无可推卸的职责。

10.2.5. 海战法

《德国手册》中有一个关于海战法的章节，采用了与 1907 年海牙公约（第六至十二有关海战的公约）[5] 和其他二战前海战法汇编类似的传统视角。这一章节相应地包含了水雷战规则、商船改造成军舰的规则，还包括对海战中的战利品、捕获方式和潜艇战的限制等规则。需指出的是，《英国手册》强调捕获及其他海战方式只有在以必要和适度行

---

4   *Ibid.*, §1.1.

5   See, for example, Convention (VI) Relating to the Status of Enemy Merchant Ships at the Outbreak of Hostilities, 18 October 1907 (https://www.legal-tools.org/doc/46631b/); Convention (VII) Relating to the Conversion of Merchant Ships into War-ships, 18 October 1907 (https://www.legal-tools.org/doc/542dda/); Convention (VIII) Relative to the Laying of Automatic Submarine Contact Mines, 18 October 1907 (https://www.legal-tools.org/doc/46e764/); Convention (IX) Concerning Bombardment by Naval Forces in Time of War, 18 October 1907 (https://www.legal-tools.org/doc/5d3857/); Convention (XI) Relative to Certain Restrictions with Regard to the Exercise of the Right of Capture in Naval War, 18 October 1907 (https://www.legal-tools.org/doc/db2a59/); Convention (XII) Relative to the Creation of an International Prize Court, 18 October 1907 (https://www.legal-tools.org/doc/70c1fd/).

使《联合国宪章》第 51 条下的自卫权时方才合法；《德国手册》在此问题上则采取了不同立场。

如果不参考中立法和海洋法的话，那么有关海战的章节中所界定的规则就不完整，也不具备可操作性。这部手册中有一节的内容是关于禁入区（exclusion zone），这部分内容试图反映《圣莫雷手册》针对最新的习惯国际法发展所作的重述。

当然，由于《德国手册》是十五年前出版的，第十章的一些条款已经无法反映当代海战的国际法规则，诸如其中对禁入区和医院船的规定。这部手册里也没有任何关于维和行动、反恐行动、防核扩散行动、海事禁运和海上拦截行动的章节。这些类型的行动在德国《海军指挥官海上行动法手册》中有所论述。

10.3. 《德国手册》的经验

总的来说，1992 年版《德国手册》的编撰是成功的。一方面，1992 年德意志联邦共和国迫切需要阐明其在国际人道法方面的立场。自那时起，德国武装部队及其法律顾问便可以在训练和培训课程中使用这部手册了。另一方面，这部手册增进了盟国对德国在国际人道法上所持立场的了解。尽管盟国不完全赞同德国的所有观点，但他们得以凭手册在多国行动中改进与德国的合作。

然而，《德国手册》所覆盖的范围仍然十分有限，因为它只论述了适用于武装冲突的国际人道法。如今，大多数军事行动并不构成武装冲突。希望新版手册能更准确地反映现代军事行动的现状。

最后，自此手册于 1992 发布到现在已有相当长的时间，而手册在如此长的时间里未经修订则是很大的问题。一部手册如果要实现其基本功能，即为编撰手册国家的武装部队提供指导，那么它就应当尽可能地与时俱进。因此应该定期修订手册，而且根据需要经常修正。也许实现这个目的的唯一方法就是，出版发行时使用活页的形式，而不是装订本。

结 语

有人可能认为军事手册不是必需的，因为本质上讲军事手册过于笼统，无法指导那些在具体行动中需要指南的人们。虽然具体军事行动中的问题确实可以通过参照交战规则来得到更好的解决，但这种观点低估了军事手册的内在价值。军事手册是一国阐释其对可适用于军事行动的国际条约和习惯法的理解的一个独特机会。在大多情况下，只参照条约是不够的，因为条约本质上是政治性的妥协和让步，其本质就是模糊不清的，尤其是关于具有高度现实意义的规则和原则的内容。因此，假若军事手册可以不是仅仅重复国际条约的内容，它便可以增进法律的清晰性和确定性。这样一部手册可以同时让编撰发行手册的国家及其盟国的武装部队都受益。而且，军事手册还是促进国际人道法不断发展前进的理想工具。本文业已阐明，一个国家的军事手册不应该是保密的，而与出版发行手册的国家持相同立场的其他国家会很快注意这部手册，这些国家最终会由于共同的立场走到一起。

即便一个国家与其他国家之间已经建立起非常牢固的联系，各国仍有很好的理由去维持本国手册自身的特点。首先，在各国间达成共识是一件很困难的事，即使对于已经加入了相同条约的不同国家而言，也是如此。第二，两个以上国家共同制定的手册，会给致力于推动国际人道法持续发展的努力造成至少一种政治上的阻碍。最后应该记住，北欧诸国从属于不同的集体安全体系，即北约和欧盟，而且部分国家追求的政治进程并不一定被其邻国所赞同。因此，一部共同的斯堪地那维亚手册可能会是粗浅而不完善的，而且不一定对使用手册的各国有所助益。

11

武装冲突法军事手册与多国和平行动带来的挑战

迭特·弗莱克 （Dieter Fleck）*

1. 近几十年中，国际人道法得到反复确认并取得进一步发展。借助编撰军事手册的方式，人们做了大量工作来促进国际人道法的执行。[1] 军事手册原本是用来描述适用于武装冲突的法律规则和政策规定的工具。军事手册的内容也许还不足以构成作为国家实践这一习惯国际法要素的证据，但是在确保各国尊重国际人道法的众多方式中，军事手册发挥着重要的作用。

2. 在近几十年间，富国与穷国之间、国家行为体与非国家行为体之间、拥有先进科技的武装部队与缺少基本装备和后勤保障的武装部队之间的各种非对称武装冲突，都给国际人道法的实施带来了挑战。许多国家及其人民都见证了武装冲突中贫穷的一方毫无限制地使用作战手段，而装备优越的一方在哪怕是采用精确打击时也有过分地使用武力的情况。这种发展变化给拥有先进科技的国家遵守国际人道带来新的挑战。军事手册也不得不在这些武装冲突中经受检验。

3. 许多武装部队面临的另一个挑战与他们参与的各种形式的和平行动有关，这些行动并不在武装冲突法原定的适用范围内，武装冲突法规则对这类行动的适用性也存在争论。那些参加过和平行动的人参与武装冲突的时间并不长，其中许多士兵都认为，对他们进行有关和平行动的培训要比进行有关武装冲突法的培训更贴近他们的日常工作。

4. 在国家、联合国和区域组织的实践当中，这类和平行动出现了相当大的发展。此处所用的"和平行动"（peace operation）这一术语，包括了那些为支持重建和维持和平的外交努力而采取的各种形式的军事行动，包括支持和平行动（peace support）和强制执行和平行动（peace

---

* 迭特·弗莱克是《国际维和行动》（Journal of International Peacekeeping）杂志编委会成员；德意志联邦国防部国际协议和政策处前主任；军事法和战争法国际协会名誉会长。本文仅代表其个人观点。

1 如需关于国际人道法军事手册的清单，参见 Jean-Marie Henckaerts and Louise Doswald-Beck, *Customary International Humanitarian Law*, Volume II: Part 2, Cambridge University Press, 2005, pp. 4196–4207 (https://www.legal-tools.org/doc/d8df48/).

enforcement）。这一概念固然超越了传统的维和行动的概念，把维持和平（peacekeeping）的要素与缔造和平（peacemaking）的要素，以及冲突后重建和平（peace-building）的要素结合在一起。事实证明，要想将传统的维持和平与强制执行和平严格地区分开来常常是不可能的。

5. 我们无法就维持和平人员在国际人道法下所享受的权利和负有的义务做一般性的规定。国际人道法中的大多数规则是为了武装冲突中的敌对行为而发展出的。这一事实提醒各方不要试图匆匆将国际人道法的规则延伸到和平行动中去——维护和平行动的初衷是为了避免战斗，也就是稳定局势，而不是主动实施敌对行为。

然而，国际人道法的重要原则和规则不仅适用于武装冲突，也同样适用于和平行动，不论维护和平的人员是否实际参与了武装冲突。[2] 这些国际人道法的原则和规则可被纳入到维和行动的交战规则中。[3]

6. 和平时期的国际法规则、武装冲突时期的国际法规则以及国内法共同构成了一套复杂的法律制度，应在现代和平行动中得到尊重和有效贯彻。

7. 与维和者的真正任务联系更密切的是执法行为，而不是参与敌对行为。执行法律时，需要严格遵守的规则是"逮捕而非击毙"，要保障获得人身保护令的权利，而且对每一例武力致死的案件都要进行正式的调查。上述原则在敌对行动中通常不适用。相反，在有些情况下，警察可能会采取在敌对行动中禁止采用的手段，例如伪装成平民或使用催泪弹，甚至达姆弹。除了上述非常特殊的限制性条款以外，国际人道法在对敌对行动的限制方面更加宽松。相对于那些适用于国际性和非国际性武装冲突的人权法条款，人道法作为特别法应优先和凌驾于人权法。[4]

---

[2] Dieter Fleck (ed.), *The Handbook of International Humanitarian Law*, 2nd ed., Oxford University Press, 2008, §208, p. 1309.

[3] See, for example, "General Report", in *Recueil XVII The Rule of Law in Peace Operations*, International Society for Military Law and the Law of War, 2006, pp. 109–157; "Recommendations", in *ibid.*, pp. 416–7.

[4] See International Court of Justice, *Legality of the Threat or Use of Nuclear Weapons*, Advisory Opinion, 8 July 1996, I.C.J. Reports 1996, p. 226 *et seq.* (https://www.legal-tools.org/doc/d97bc1/); *ibid.*, *Legal Consequences of the Construction of a Wall in the Occupied Palestinian Territory*, Advisory Opinion, 9 July 2004, I.C.J. Reports 2004, p. 136 *et seq.* (https://www.legal-tools.org/doc/e5231b/).

在训练和实际行动中，武装部队成员和警察必须遵守各自不同的法律规则。

8. 尽管在一切武装敌对行为中基本遵守国际人道法已早早被确立为是一种法律原则[5]与最佳实践[6]，联合国秘书长于 1999 年 8 月 6 日通过的《秘书长关于联合国部队遵守国际人道主义法的公告》正式要求，所有作为战斗人员积极介入武装冲突的联合国部队成员，必须遵守"本公告所述的国际人道主义法的基本原则和规则"。[7] 这一规定显然仅限于发生敌对行为的情况。为此，公告总结概括了国际人道法的主要规则，但此举不应当被理解或者推定为联合国部队不需要遵守作为一个整体的国际人道法。

秘书长公告只是向参加敌对行动的维和人员描述了显而易见的道理。公告的内容从性质上看是宣誓性的，不仅与联合国派遣的部队有关，也关系到那些区域性的、由多国共同控制的以及在一国控制下的、获得安理会授权的部队，如 1990 年至 1991 年的海湾战争中的部队。

9. 联合国秘书长公告不应被误读为建议维和人员以战斗员身份从事敌对行为。实际上，他们应当遵循执法原则。这份公告清楚地表明它适用于那些以战斗人员身份介入武装冲突的联合国部队成员，而且强调了以"这种介入的范围和时期为限"。[8] 在同一语境下，这份公告还提到了"强制执行行动"。[9] 和"在允许因自卫使用武力的维持和平行动"。[10]

---

[5] See, for example, Conditions of Application of Humanitarian Rules of Armed Conflict to Hostilities in which United Nations Forces May Be Engaged, resolution adopted by the Institute of International Law (1971), printed in Dietrich Schindler and Jiri Toman (eds.), *The Law of Armed Conflicts*, 3rd ed., Martinus Nijhoff Publishers/Henry Dunant Institute, 1988, pp. 903–5; Conditions of Application of Rules, Other Than Humanitarian Rules, of Armed Conflict to Hostilities in which United Nations Forces May Be Engaged, resolution adopted by the Institute of International Law (1975), printed in *id.*, pp. 907–908.

[6] See, for example, *Handbook for Humanitarian Law in Armed Conflicts*, ZDv 15/2 *Humanitäres Völkerrecht in bewaffneten Konflikten* – Handbuch – 1992, para. 208.

[7] Secretary-General's Bulletin: Observance by United Nations Forces of International Humanitarian Law, UN Doc. ST/SGB/1999/13, 6 August 1999, printed in Adam Roberts and Richard Guelff (eds.), *Documents on the Law of War*, 3rd ed., Oxford University Press, 2000, §1.1 ('Secretary-General's Bulletin') (https://www.legal-tools.org/doc/fa0161/).

[8] *Ibid.*

[9] *Ibid.* 须知"强制执行行动"这一术语的语境是强制执行和平行动而非执法行动。

[10] *Ibid.*

警察即便在进行自卫时也要按照执法行动的范式行事，而且任何构成"敌对行为"的手段都可能会被判定为行为过当。由于上述原因，公告的文本还有令人生疑的地方，则必须借助基于国际法和派遣国法律的交战规则和军事指令来解决。

属于派遣国有关机构（organ）的维和人员享有职能豁免。[11] 他们在国内法和国际法中要承担的责任，以及一个国家应当为该国军事和平民人员的不法行为承担的国家责任等等，皆受既有规则的约束。[12]

10.　联合国秘书长公告还声明，这份公告并不影响《联合国人员和有关人员安全公约》[13] 赋予参与和平行动人员的受保护地位，而且"只要他们有权受到关于武装冲突的国际法给予平民的保护"，那么这份公告也不影响参与和平行动人员的非战斗员的地位。[14] 这一项规定援引了《安全公约》的第 2 条第 2 款，[15]而该款的内容却颇不合适。它所造成的结果很可能会像克里斯托弗·格林伍德所说的那样，"适用国际人道法的下限成了适用这一公约的上限"。[16]

11.　《安全公约》和《公告》均忽略了执法和敌对行动之间显而易见的差别，并可能因此问题遭受批评。现在我们只希望能在派遣国和联合国主管机构的支持下，由和平行动的成员以及其指挥官来弥补这个缺漏。[17]

---

[11]　See Dieter Fleck, *The Handbook of the Law of Visiting Forces*, Oxford University Press, 2001, pp. 3–6.

[12]　See Draft Articles on Responsibility of States for Internationally Wrongful Acts, annexed to UN Doc. A/RES/56/83 as corrected by A/56/49(Vol.I)/Corr.4, 10 August 2001 (https://www.legal-tools.org/doc/10e324/).

[13]　Convention on the Safety of United Nations and Associated Personnel (https://www.legal-tools.org/doc/6bfa73/), printed in Roberts and Guelff (eds.), 2000, p. 627 *et seq.*, see *supra* note 7.

[14]　Secretary-General's Bulletin, §1.2, see *supra* note 7.

[15]　《联合国人员和有关人员安全公约》第 2 条第 2 款规定："本公约不适用于经安全理事会根据《联合国宪章》第七章授权作为执行行动、有任何参与人员作为与有组织的武装部队作战的战斗人员、并适用国际武装冲突法的联合国行动。"

[16]　Greenwood in Fleck, 2001, §208, para. 4，中写到："公约的起草者，大概率无意使本公约在联合国部队成员和其他有组织的武装部队成员发生任何小规模的战斗时便停止适用，因为这会导致这部公约的适用范围缩减至几乎为零。"

[17]　See, for example, *Uniting Against Terrorism: Recommendations for a Global Counter-Terrorism Strategy*, Report of the Secretary-General, UN Doc. A/60/825, 27 April 2006 (https://www.legal-tools.org/doc/zeh5o9/); *In Larger Freedom: Towards Development, Security and Human Rights for All*, Report of the Secretary-General, UN Doc. A/59/2005, 21

12.　　保护人权和恢复正义乃是和平行动的固有功能，无论该职责是否被明示地宣告。国际法在二战后的新发展塑造了国际人道法与人权法的关系。《第一附加议定书》第 75 条对诸多重要人权法原则的吸纳，便反映了二者间的关系。从法律上讲，两者之间的关系有互补性[18]的特征并受特别法优先原则的调整。

　　但是，"特别法优先"原则（*lex specialis* principle）不应当被误以为适用于国际人道法和人权法这两个国际法分支之间的全部关系。换言之，只有在特殊情形下，国际人道法的特殊规则才会优先于国际人权法适用。派遣国的人权义务在其本国境外是否依然对其有约束力，这取决于相关人权条约的规定。在多数情况下，决定性的因素在于相应个人是否处于相关国家的管辖权范围内。

　　和平行动中人权法的相关性不可低估。在例如意见自由、被承认在法律前的人格、参政权利、被拘禁者的待遇、失踪和毁坏居所等问题上，人权法比人道法发展出了更详细的规则，这都说明了强调人权法的实用性。

13.　　在和平行动中，我们应当从三个不同方面来理解人权义务的重要性：

 a. 理想情况下，安理会和/或区域组织会发布明确的指令，要求参与冲突的各方以及维和部队都履行义务保护人权的义务。

 b. 即使没有这样一份明确的要求，和平行动成员也应当尊重接受国的法律，包括其国际法义务中主要涉及人权部分的内容；而且

 c. 最后，派遣国的人权义务对发生在该国境外但在其管辖权内的行为依然适用。

March 2005 (https://www.legal-tools.org/doc/5739f5/); United Nations, High-level Panel on Threats, Challenges and Change, *A More Secure World: Our Shared Responsibility*, 31 December 2004 (https://www.legal-tools.org/doc/b7add1/).

[18] Human Rights Committee, General Comment No. 31: The Nature of the General Legal Obligation Imposed on States Parties to the Covenant, UN Doc. CCPR/C/21/Rev.1/Add.13, 26 May 2004, paras. 2, 10, 11 (https://www.legal-tools.org/doc/e7d9a3/). Also, see *id.*, General Comments No. 15: The Position of Aliens Under the Covenant, 11 April 1986 (https://www.legal-tools.org/doc/85c999/), *id.*, General Comments No. 18: Non-discrimination, 10 November 1989 (https://www.legal-tools.org/doc/9883e4/), *id.*, General Comments No. 28: Article 3 (The Equality of Rights Between Men and Women), 29 March 2000 (https://www.legal-tools.org/doc/528899/).

14.　　尽管和平时期的执法行动与武装冲突中的敌对行动存在差异，但也有许多共同之处。区分原则、避免造成不必要的痛苦以及人道原则这些最基本的原则在这两类行动中的适用都十分相似。同样的情况也存在于一些次级原则中，例如比例原则和有效性原则。

　　　　在执法行动和敌对行动这两个不同范式中，适用上述原则的差异是适用程度之间的差别，并不影响这些原则的整体适用性。

15.　　单独一国国家层面的努力无法为解决上述问题给出令人满意的方案。和平行动需通过多国合作来保证有效，同理，军事行动法手册也应当通过国际合作来编撰，并且应当作为一份多国联合文件来传播，或至少事先经过密切的磋商。承担维护国际人道法职责的红十字国际委员会，与其他像是联合国和平行动部在内合适的国际机构，都应该充分参与到这一过程中。

12

讨论纪要

报告人 玛利亚·贝尔格兰·阿斯 （Maria Bergram Aas） [*]

汉斯-彼得·盖瑟认为，《英国手册》以一种很好的方式提供了十分必要的信息。首先，手册说明了军事目标是什么。其次，手册引用了条约文本并附带有关定义的解释性说明。最后，手册举出了例子。下一代的手册读者很有可能并不知道援引"德累斯顿"意味着什么（德累斯顿，德国东部城市，曾于二战期间遭受盟军的大规模空袭，致使大量平民死亡——校者注）。此外还应当探寻用来阐明法律不同方面的其他方案。

说到和平行动中适用武装冲突法的问题，盖瑟想起了他和一位澳大利亚少校谈论澳大利亚部队在索马里面临的挑战。澳大利亚部队在事实上已经构成了对所在地区的占领，因而决定适用《日内瓦第四公约》。这表明军队可能面临的不一定是应该正式适用何种法律文件的问题，而是相关法律文件如何运用到实践中去的问题。《日内瓦第四公约》中包含的规则正是澳大利亚部队当时所需要的。

依照盖瑟的观点，一部合格的军事手册应像《英国手册》那样能够提供实用的解决方案，而不仅仅是理论上的解决方案。

汤姆·史泰博问道，是否能够依据现有的手册来编撰一部北欧或挪威的手册，现有的手册在其中又起到多大的作用。

对于盖瑟前述针对《英国手册》编排的评论，安东尼·P·V·罗杰斯回复道自己参与手册起草时正是基于这样的考量设计了手册的结构。关于史泰博的问题，罗杰斯陈言，要基于现有手册来创作一部新的手册是有可能的，但是版权问题需要解决。即便如此，现有手册仍是一个不错的起点。为了完成编撰新手册的目的，起草者无论如何应当先看看几本已有的手册。

芬瑞克顺着盖瑟和罗杰斯的观点，赞成利用和依托现有手册的想法。曾经加拿大就这么做过，采用的是美国《海上行动法指挥官手册》，并添加了一份加拿大的附录。有必要用这么一份附录来阐明两国在某

些海洋法问题上所持观点的差异之处，加拿大同样通过附录的形式收录了《圣雷莫手册》的内容。芬瑞克赞成盖瑟认为军事手册实际的适用性很重要的看法。

迭特·弗莱克同样建议，有必要在起草本国手册时，参阅其他的手册。例如，总部设在波兰斯德丁的北大西洋公约组织东北区多国部队，由德国、波兰和丹麦部队组成。他们在准备编写军事行动指南时，或许会从参考一些其他国家手册当中受益。

就盖瑟的发言中有关和平行动以及和平行动中缺乏清楚的传统规则的观点，弗莱克做出了回应。他提到了前任挪威红十字会主席比约恩·埃格（Bjørn Egge）。埃格曾担任过联合国刚果行动（ONUC）的指挥官。由于缺乏军事指导意见，这位当时尚年轻的指挥官干脆决定适用他所谓的"日内瓦四公约+"。但不可否认的是，今天的世界变得更加复杂了，有些规则需要转化为更加实用且与时俱进的解决方案。

克劳斯·伊尔莫宁（Klaus Ilmonen）[1] 就为优先照顾编撰军事手册的需要，如何以最佳方式利用可用资源这个问题发表了评论。北欧各国在近些年里都没有参与过武装冲突，在国际安全的政治考量中面临的现实与其他国家有很大不同。他们中一些国家与其他国家结为同盟，而另一些则没有。北欧各国几乎每天都会在支持和平行动这个特殊领域面临实际挑战。那么，在编纂手册时究竟是应该采取自下而上还是自上而下的策略呢？北欧各国并没有这方面的专业作战经验，比如英国在北爱尔兰获得的那些经验。北欧各国或许应首先应专注于考虑交战规则的法律地位问题，然后再去考虑建立一套行动指南，其中可以包括在支持和平行动的目标选择问题，以及在这些行动中情报的法律地位等问题，这样做对他们而言是非常合适的。最后，他们可以就支持和平行动建立出台一套完整自洽的法律政策。

伊尔莫宁还提出了关于和平行动中适用武装冲突法的具体问题。想象以下一个场景：一次支持和平行动发生在基础设施极度匮乏的环境中。当地所有的法官都被射杀或跑掉了。现在有一名武装部队成员拘禁了一名被怀疑犯下了例如谋杀罪这样的重罪的嫌疑人，根据《欧洲人权公约》[2]，拘禁者应该怎么做？拘禁者可以将嫌疑人拘禁多长时间？

---

[1]　克劳斯·伊尔莫宁，法学硕士，私人执业律师。

[2]　European Convention on Human Rights, 4 November 1950 (https://www.legal-tools.org/doc/8267cb/), printed in Malcolm D. Evans (ed.), *Blackstone's International Law*

让我们再想象一下在一个敌对环境中需要实施群体控制（crowd control）的情形。人群中可能人人都有武器和手雷，而士兵们有的只是他们的武器和防爆盾牌。我们的士兵何时才应该使用武力？他们又应该使用何种类型的武力？

查尔斯·盖瑞威告诫说，任何国家都不应当盲目抄袭他国的手册。以新西兰为例，它虽是一个岛国，却在照搬加拿大手册时，莫名其妙地照抄了加拿大手册里关于"接壤邻国"的段落。还应当注意的是，法律和政治在此领域中是紧密联系在一起的。新手册的起草者故需在参考其他国家手册时保持相当地谨慎。仅添加一份附录很可能会被证明是不足的。

Documents, 8th ed., Oxford University Press, 2007, p. 46 *et seq.*

主题三：
军事手册的范围和内容

13

———

开场致辞

玛丽亚·列托 （Marja Lehto） [*]

今天下午，我们讨论的第一个话题是军事手册的覆盖范围和内容。此处所谓军事手册的范围和内容，系指手册应当覆盖的实体法领域。总体来说，一部军事手册应该包括习惯法和该国应承担的相关条约义务，并可进一步包括反映该国政策的命令。显然，不同国家因为可适用的法律和选择的政策不同，国家手册的内容也会有些许区别，内容本身也会被不同的主体作不同的解读。规范的演进、敌对行为在现实中的变化以及技术的发展等，也会使人们对手册所应当覆盖的范围和内容的看法也会不断变化。在本次研讨会上，我们将从以下四个不同的方面探讨这一话题。

红十字国际委员会在推动战争法的有效落实方面发挥了重要作用。红十字会的诸多职能中就包括提醒各国当局履行条约义务，使其武装部队熟知人道法条约的规定，并在此过程中为各国提供协助。在 20 世纪 90 年代初期，红十字国际委员会认为国际人道法缺少保护自然环境的规则，因而提议在各国军事手册中加入保护自然环境的规定。1994 年，红十字国际委员会向联合国大会递交了包含一系列指导方针的文件[1]，联合国大会以决议形式一致同意通过这份文件，并邀请各国郑重考虑这项议题。[2] 红十字国际委员会已经在该领域采取了多项举措，这

---

[*] 玛丽亚·列托博士，法学硕士，政治科学硕士，芬兰外交部国际公法部门的负责人。

[1] International Committee of the Red Cross, "Guidelines for Military Manuals and Instructions on the Protection of the Environment in Times of Armed Conflict", in *International Review of the Red Cross*, 1996, vol. 311, pp. 230–237.

[2] United Nations General Assembly, United Nations Decade of International Law, UN Doc. A/RES/49/50, 17 February 1995, para. 11. Also, see *id.*, para. 12; *id.*, United Nations Decade of International Law, UN Doc. A/RES/50/44, 26 January 1996, para. 11; *id.*, United Nations Decade of International Law, UN Doc. A/RES/51/157, 30 January 1997, para. 12; *id.*, United Nations Decade of International Law, UN Doc. A/RES/52/153, 26 January 1998, para. 14; *id.*, United Nations Decade of International Law, UN Doc. A/RES/53/100, 20 January 1999, para. 17.

里仅列举其中的一个例子。在这次讨论中，我们也将有幸听到红十字国际委员会关于如何改进军事手册实质性内容的见解。

最近，关于国际人道法和国际人权法的关系问题引发了热烈的讨论。一种极端观点认为，这两种法律是彼此排除的关系，即在武装冲突发生时，只有国际人道法适用。持该观点者显然只占少数。主流观点认为国际人道法和人权法可以同时适用，国际法院在"以色列在被占领巴勒斯坦领土构筑隔离墙的法律后果"咨询意见案中也对这种观点表示支持。根据国际法院的意见，可能有以下三种情况：

> 一些权利专由国际人道法调控；另一些权利则专由国际人权法调控；然而另有一些事项可能同时关涉这两类国际法规则。[3]

尽管大多数人赞同这种观点，但这一一般原则仍无法回答在各个具体情势中应如何适用两套法律规则的问题。因此，要判断这两套法律规则究竟如何互动，就需要对个案具体情况进行具体分析。

同时，我想从 2004 年美国《军事行动法手册》中引用一个段落，这是一部新编撰的手册，其中的第三章的标题是"人权"，里面这样写道：

> 以缔结条约的方式确立的人权法规则，通常只在该国与该国境内居民的关系中具有约束力；而人权法中属于国际习惯法的内容在任何情况下对所有国家都具有约束力。……如果一项特定的人权具有了习惯国际法的效力，那么这项人权应该被认定为一项"基本"人权。照此类推，美国军队在执行所有海外行动时都应该保护此项人权。[4]

第二个话题关涉国际刑法融入军事手册的问题。在过去十年里，国际刑法领域取得了显著进展，这些发展必定会反映在对武装部队的教导中。在这里我举一个例子：芬兰没有军事手册，但近十年来芬兰红十字会在为芬兰部队提供国际人道法培训时，已加入了对国际刑事法院的介绍。芬兰已经批准了《国际刑事法院罗马规约》。目前我们正在

---

[3]　International Court of Justice, *Legal Consequences of the Construction of a Wall in the Occupied Palestinian Territory*, Advisory Opinion, 9 July 2004, I.C.J. Reports 2004, para. 106 (https://www.legal-tools.org/doc/e5231b/).

[4]　International and Operational Law Department, *Operational Law Handbook*, The Judge Advocate General's Legal Center & School, 2004, p. 42.

修订芬兰的《刑法典》，以使其内容能充分反映《罗马规约》对有关犯罪的定义，并确保国内司法机构依据补充性原则对有关犯罪进行审判。

最后，由于武装冲突的本质在不断变化，国际军事行动也面临新的挑战。军事手册将现行的国际法律框架和实际履行相结合，自然就应该考虑武装部队所面临的新情况。既然这是一个北欧活动，我也顺带提请大家关注一下我们在哥本哈根就国际安全行动中应如何对待被拘留者的讨论。对于那些计划修订本国军事手册或已经着手起草新手册的人们来说，面临的一个问题是，在讨论新出现的问题时，要研究到何种程度。

本场讨论会有四位经验丰富的专家，他们都在各自领域取得了杰出的成就，接下来他们将就这些领域分别发言：

- 罗伯塔·阿诺德博士（Roberta Arnold）是瑞士武装部队的专家军官和瑞士第八军事法庭的预审法官候选人，同时也是国际刑法和国际人道法领域的独立法律顾问。她的博士论文《作为压制国际恐怖主义新工具的国际刑事法院》[5] 是近几年研究恐怖主义和国际人道法的最有趣的新书之一。阿诺德博士将探讨将国际刑法融入军事手册的问题。

- 威廉·布斯比空军上校（William H. Boothby）来自英国皇家空军法律部门，在武装冲突法领域拥有丰富的经验。他曾在英国、德国、中国香港、塞浦路斯和克罗地亚服役。他是《英国手册》编委会成员，曾参与制定《禁止杀伤人员地雷公约》的磋商，近期还参与了《特定常规武器公约》框架下的磋商。他的发言将涉及敌对行动的现状、发展和有关争议。

- 路易丝·多斯瓦尔德-贝克（Louise Doswald-Beck）是瑞士日内瓦高等国际关系与发展学院的国际法教授，并同时在日内瓦国际人道法和人权学院任教。她曾长期任职于红十字国际委员会，并担任国际法学家委员会秘书长。她曾在国际人道法领域出版多部书籍，并且是红十字国际委员会推动的、具有里程碑意义的《习惯国际人道法》的合著者之一。多斯瓦尔德-贝克教授的发言主题是"将国际人权法融入军事手册"。

---

5   Roberta Arnold, *The ICC as a New Instrument for Repressing Terrorism*, Transnational Publishers, New York, 2004.

–　　弗朗索瓦·塞内绍先生（François Sénéchaud）是红十字国际委员会武装和安全部队关系部的负责人，他拥有法律和军事的双重背景，不仅写过有关支持和平行动的著作，而且为瑞士军方起草了一份新的战场手册——《旅级指挥官及参谋行动法》。他在红十字国际委员会任职期间，曾在欧洲、非洲和拉丁美洲等多个国家工作。他将从红十字国际委员会的角度讨论军事手册问题。

我相信我们将会听到一场有趣的讨论。

14

军事手册和武装冲突法的刑事条款：
瑞士的经验

罗伯塔·阿诺德 （Roberta Arnold） [*]

引 言

《瑞士宪法》第 59 条要求每个瑞士男性公民都服兵役。瑞士军队建立在义务兵役制之上，因此军队是一个名副其实的"大熔炉"，拥有不同文化、语言和社会背景的人们聚集在军队里。

所有军队成员都是按照同一模式通过同一渠道被招募进军队，无论他们此后会成为军官，士官，抑或是普通士兵。当军官或士官得到晋升后，他们还会得到进一步的特殊训练。

因此，军队中会出现相同衔级但教育背景迥异的人员。例如，有的普通士兵可能拥有法学专业学位，而一些但军官可能没有学术学位，而是拥有军事或专业资质。考虑到这一现实，为了提供最合适的武装冲突法培训，应当对瑞士军队的结构、构成和目标受众予以充分考虑。

尽管瑞士军队人员构成复杂，但每名成员，无论其衔级、部门、背景或教育程度怎样，都必须了解武装冲突法。另外，"参加作战"的军队人员应该最先了解武装冲突法。而经验表明，这些参加作战的人员通常会对武装冲突法的实用性和可操作性持怀疑态度。必须承认的是，军队常常认为武装冲突法和国际人道法是特殊的舶来品或者过于理论化。

因此，将武装冲突法的核心原则"翻译"成军事语言，使哪怕受教育程度最低的士兵也可以理解，便非常重要。同时，要使军事人员认

---

[*]　罗伯塔·阿诺德，诺丁汉大学法学硕士，伯尔尼大学博士（荣誉毕业），曾任瑞士武装部队总参谋部武装冲突法部门的法律顾问，当前正在受训以取得英国出庭大律师资格。她是军队司法部门中的专家军官（specialist officer），并遴选为预审法官候选人。她在国际人道法、军事法及国际法等领域已有多项发表，目前正在编纂著作《和平支持行动中的执法问题》（将由布里尔出版社（Brill）出版）。同时，她还担任《军事法和战争法学会评论》驻瑞士的通讯记者。

识到，无论是在国内法还是国际法的框架下，违反武装冲突法的行为都会带来严重的后果。

《瑞士部署作战行为军事手册》（Swiss Military Manual on Behaviour during Deployment，以下简称《瑞士手册》——译者注） 在对既有军队规范修订的基础上，于 2005 年 7 月 1 日[1] 开始生效实施。[2] 这部手册涵盖了前文提到的所有应考虑事项。

《瑞士手册》是一部军事法规，由瑞士国防部武装冲突法部起草。该部门隶属瑞士军队参谋部。瑞士在 2003 年军队改革（即"21 世纪军队改革计划"）和批准《国际刑事法院罗马规约》之后出版了这部手册。瑞士感到需要对法律框架进行重新修订，以适应瑞士军队执行的各类不同的行动和任务，[3] 并对人权法和武装冲突法的适用问题予以了特别关注。

从瑞士"21 世纪军队改革"以来，传统意义上的军事防御作战已不再是瑞士军队的首要任务。更多情况下，瑞士军队会参与到维持国内秩序和安全的行动以及维和行动中去。[4]

在执行支持和平行动时，例如在科索沃，维护和平与强制执行和平的界限可能会变得模糊。因此，为瑞士军方人员提供一些可以适用的法规或法律框架就变得非常重要，这些法规中就应当包括对人权法和国际人道法的区分适用问题。

---

[1] Rechtliche Grundlagen für das Verhalten im Einsatz, Reglement 51.007/IV.

[2] Regl 51.7/II Gesetze und Gebräuche des Krieges (Auszug und Kommentar); Merkblatt 51.7/IV Kriegsvölkerrechtliche Grundsätze für den Kommandanten. In English, "Laws and Customs of War (Excerpt and Commentary)" and "Bulletin on LOAC Principles for Commanders", respectively.

[3] "Verhalten im Einsatz".

[4] Also, see *Swiss Military Manual on Behaviour During Deployment*, Rechtliche Grundlagen für das Verhalten inm Einsatz, Reglement 51.007/IV, 1 July 2005, p. 1 ('Swiss Military Manual'):

> Die drei Hauptaufträge der Armee (Friedensförderung, Existenzsicherung, Raumsicherung/Verteidigung) warden jeweils unter verschiedenen rechtlichen Rahmenbedingungen erfüllt. Alle AdA müssen die für ihren jeweiligen Auftrag geltenden Regeln kennen.

作为 1949 年《日内瓦四公约》的保存国，瑞士拥有久远的人道主义传统，也非常清楚在军队中宣传普及国际人道法的重要性。[5]

红十字国际委员会将总部设在日内瓦，这必然对瑞士军队的法律理念产生影响。红十字国际委员会的几位前任代表和法律顾问都曾在瑞士国防部任职，这或许并非巧合。瑞士军队的法律顾问因此也认为国际人道法和人权法是互补的关系，没有任何军事作战和行动会发生于这两类法律体系均不适用的法律真空中。

因此，这种观点使瑞士军队了解在执行不同类型的行动和任务时，应当适用不同的法律框架，并采取最适当的措施完成任务。

以军官和士官为受众的《瑞士手册》由此问世。瑞士同时还出版了内容有所简化的《武装冲突法规则公告》（Bulletin on the Rules of LOAC），以口袋卡片的形式发放给士兵使用。

本文旨在讨论《瑞士手册》的结构和内容，并对其中的刑法内容予以专门的关注。第一部分介绍适用于瑞士的相关国际法和国内法，并简要讨论国际（战争）犯罪的司法管辖权问题。瑞士同时设有普通司法机构和军事司法机构，因而在现实中，两类机构将对一些案件共同行使管辖权。第二部分和第三部分讨论了《瑞士手册》所希望实现的目标，并详细阐述手册的结构和内容。最后部分就是本文的结论。

14.1. 瑞士有关武装冲突法的立法及其对国际犯罪司法管辖权的规定

正如上文所述，瑞士拥有久远的国际人道法传统，并已经加入了武装冲突法方面几项最重要的公约，包括《日内瓦四公约》以及它的三

---

[5] See Geneva Convention for the Amelioration of the Condition of the Wounded and Sick in Armed Forces in the Field of August 12, 1949, Article 47 ('Geneva Convention I') (https://www.legal-tools.org/doc/db95d2/); Geneva Convention for the Amelioration of the Conditions of Wounded, Sick and Shipwrecked Members of Armed Forces at Sea of August 12, 1949, Article 48 ('Geneva Convention II') (https://www.legal-tools.org/doc/06e799/); Geneva Convention Relative to the Treatment of Prisoners of War of August 12, 1949, Article 127 ('Geneva Convention III') (https://www.legal-tools.org/doc/365095/); Geneva Convention Relative to the Protection of Civilian Persons in Time of War of August 12, 1949, Article 144 ('Geneva Convention IV') (https://www.legal-tools.org/doc/d5e260/). Also, on this issue, see International Committee of the Red Cross, "The Obligation to Disseminate International Humanitarian Law", February 2003 (https://www.legal-tools.org/doc/ex3dwd/).

部《附加议定书》。[6] 瑞士在处理国际法与国内法的关系时持一元论。瑞士加入的国际公约不需要经过转化程序，其法律效力立即等同于国内法。然而在一些特定情况下，瑞士加入国际公约后仍需启动转化程序，以保证"罪刑法定原则"（principle of legality）得到遵守。例如，瑞士批准《国际刑事法院罗马规约》后，又在瑞士《刑法典》[7] 中增加了关于灭绝种族罪的新条款。对《刑法典》的进一步修订如今仍在进行中，特别是一份包含了新型战争罪和危害人类罪条款的目录草案。除此之外，改革还将重新分配普通司法机构与军事司法机构对战争罪及其他国际犯罪的司法管辖权。[8]

当前，只有军事司法机构对战争罪具有管辖权。[9] 原则上，军事法庭负责执行《军事刑法典》，普通法庭负责执行《刑法典》。然而，在一些例外情况下，军事司法部长会将某一案件移交至普通刑事法庭审理。[10] 反过来，军事法庭也可以审理违反《联邦道路和交通法》[11] 的行为，以及轻度违反《联邦药物使用法》[12] 的行为。普通法庭和军事法庭

---

[6] Protocol Additional to the Geneva Conventions of 12 August 1949, and Relating to the Protection of Victims of International Armed Conflicts, 8 June 1977 ('Additional Protocol I') (https://www.legal-tools.org/doc/d9328a/); Protocol Additional to the Geneva Conventions of 12 August 1949, and Relating to the Protection of Victims of Non-International Armed Conflicts, 7 December 1978 ('Additional Protocol II') (https://www.legal-tools.org/doc/fd14c4/); Protocol Additional to the Geneva Conventions of 12 August 1949, and Relating to the Adoption of an Additional Distinctive Emblem, 8 December 2005 ('Additional Protocol III') (https://www.legal-tools.org/doc/ddefae/). The latter protocol is printed in *International Review of the Red Cross*, 2006, vol. 861, p. 191 *et seq.*

[7] Swiss Criminal Code, SR 311.0, 21 December 1937, Article 264 (https://www.legal-tools.org/doc/8204e0/).

[8] 瑞士司法部、警察部门、国防部和外交部当前正在起草这项草案。

[9] Swiss Criminal Code, Article 29(2), see *supra* note 7.

[10] Military Criminal Code, 13 June 1927, Article 221 (https://www.legal-tools.org/doc/rgph5f/); Swiss Criminal Code, Article 46(2), see *supra* note 7.

[11] Military Criminal Code, Article 218(3), see *supra* note 10. Also, see *Loi fédérale du 19 décembre 1958 sur la circulation routière*, RS 741.01, 19 December 1958.

[12] Military Criminal Code, Article 218(4), see *supra* note 10. Also, see *Loi fédérale du 3 Octobre 1951 sur les stupéfiants et les substances psychotropes*, RS 812.121, 3 October 1951. 所举的例子包括在执勤时故意使用小剂量的毒品及相关的犯罪预备。在仅属犯罪预备的情形中，纪律机构将做出纪律制裁处罚。原则上，军事司法机构不会介入涉毒案件。严重违反毒品使用法的行为将由普通司法机构审判。

之间管辖权发生冲突时会由瑞士联邦法庭裁定。[13] 根据《军事刑法典》第 108 条的规定，这部法典可以适用于发生在国际性武装冲突中，以及它国违反中立法的行为以及对此类行为予以武力反击的所有案件。[14] 根据《军事刑法典》第 108 条第 2 款的规定，如果国际条约所规定的适用范围足够大，违反国际条约的行为也会受到惩罚。[15]

《军事刑法典》第 109 条专门处理了在武装冲突中违反国际法的行为。此外，这部法典中也包含关于滥用保护性标识[16]，对国际法上享有保护地位的人员和物体使用武力[17]，违反对敌义务[18]，违反停火与和平协定[19]，以及对议会机构发动进攻[20] 等方面的条款。

第 109 条不仅规定了对 1949 年《日内瓦四公约》和 1977 年的两部《附加议定书》中所定义的最严重的违反国际人道法的行为予以惩罚[21]，还规定要惩罚所有违反国际人道法的行为，[22] 包括任何违反习惯法的行为。因此，《军事刑法典》比国际法还要更进一步。[23] 为了保证对违法行为予以公平的制裁，第 109 条第 2 款规定，不太严重的违法行为可由纪律机构予以处罚。[24]

---

[13]　Military Criminal Code, Article 223, see *supra* note 10. 对这一问题更详细的讨论参见，Roberta Arnold, "Military Criminal Procedures and Judicial Guarantees: The Example of Switzerland", in *Journal of International Criminal Justice*, 2005, vol. 3, pp. 749–777.

[14]　See Swiss Military Appeal Tribunal 1A, *Fulgence Niyonteze v. Prosecutor*, 26 May 2000, p. 27 ('*Niyonteze v. Prosecutor*') (https://www.legal-tools.org/doc/fe2edc/).

[15]　相关的例子包括违反 1954 年 5 月 14 日的《保护文化财产的海牙公约》，1949 年《日内瓦四公约》的共同第三条和《第二附加议定书》的行为。在非国际性武装冲突违反上述公约条款也会触发瑞士《军事刑法典》的惩罚。参见 Marco Sassòli, "Le génocide rwandais, la justice militaire suisse et le droit international", in *Schweizerische Zeitschrift für Internationales und Europäisches Recht*, 2002, vol. 2, p. 164.

[16]　Military Criminal Code, Article 110, see *supra* note 10.

[17]　*Ibid.*, Article 111.

[18]　*Ibid.*, Article 112.

[19]　*Ibid.*, Article 113.

[20]　*Ibid.*, Article 114.

[21]　Sassòli, 2002, p. 162, see *supra* note 15.

[22]　*Niyonteze v. Prosecutor*, 26 May 2000, p. 28, see *supra* note 14.

[23]　关于违反武装冲突法行为的类别和制裁，可参见 Roberta Arnold, "The Development of the Notion of War Crimes in Non-International Conflicts through the Jurisprudence of the UN *Ad Hoc* Tribunals", in *Humanitäres Völkerrecht–Informationsschriften*, 2002, vol. 3, p. 135.

[24]　例如，一名战俘未能得到《日内瓦第三公约》所规定的赔偿时，可以适用这一规则。参见 Sassòli, 2002, p. 162, see *supra* note 15.

也许有人会说，瑞士已经在武装冲突法及其有关刑事条款方面打下坚实的法律基础，以至于连类似《瑞士手册》之类的规则都显得多余。但我们应该注意到法律是非常复杂的，战场上的作战人员难以既迅速果决地采取行动，又对应适用的法律框架给予充分的考量。正是由于这一原因，除了吸纳瑞士对战争犯罪的立法之外，《瑞士手册》采取了士兵更易理解的概念和文字表述。

14.2. 《瑞士手册》的功能

为了履行《第一附加议定书》第六条规定的传播武装冲突法的条约义务，瑞士国防部武装冲突法部被赋予了向下至士兵、上至最高级别军官的瑞士军人提供培训的职能。贯穿这一过程的基本的理念是"培训培训者"，也就是说，军官将首先接受与武装冲突法相关的培训，然后这些军官再培训部队中的其他人员。即便如此，传播普及武装冲突法还需要考虑到不同的受众群体及其不同的受教育程度。

士兵是受指挥官领导的，这意味着，士兵不必像指挥官一样掌握详细的国际人道法知识和原则。因此，《武装冲突法规则公告》以口袋卡片的形式提供给士兵使用，而内容更加详细的《瑞士手册》则提供给军官和士官使用。

《瑞士手册》重述了现行法律，尤其是有关人权、国际人道法和核心国际犯罪的条款。与立法文本相比，手册采取更通俗易懂的形式，或者确切地讲，是更容易为士兵理解的形式，以便使士兵在关键时刻能对保持对有关法律的警觉，同时帮助他们采取最优且合法的措施完成任务。[25]

在瑞士国内法下，《瑞士手册》有着条例的地位。这意味着违反手册中的规定就是犯罪行为，可以根据《军事刑法典》第 72 条的规定予

---

[25] 《瑞士军事手册》前言第四段写到：

Das nachfolgende Reglement richtet sich an alle höheren Unteroffiziere und Offiziere der Schweizer Armee [...]. Es will den Kadern der Armee aufzeigen, in welchem rechtlichen Rahmen sich di Armee beo den verschiedenen Einsatzarten bewegt und welche Rechte und Pflichten sich die Truppe und Kader in den jeweiligen Einsätzen daraus ergeben.

将其翻译为英文则是（非官方译文）：

本手册系针对瑞士武装部队中所有高级士官和军官。其目的在于向军事指挥官展示适用于不同类型军事行动的法律框架，以及军人及其指挥官在其中所相应享有的权利和承担的义务。

以惩罚。[26] 此外，与其他国家不同的是，瑞士的军事手册不仅仅是一本行动手册（operational handbook）。

这部手册简要描述了基本法律原则，并且略述了多种情境中可供使用的合法（行动）选项。如此编排手册是为了协助那些没有法律背景的军队人员，帮助他们理解武装冲突法的核心原则和意义。

军事手册不一定只是针对法律顾问编撰的，或者至少不应该只针对法律顾问。法律顾问可以参考现成的教科书、法律评论、原始法规和法学理论。与之相比，作战人员，尤其是负责指挥作战部队的军官则没有时间和能力去阅读复杂的法律文本，他们更需要的是一套清晰的概念来帮助他们采取最可行且合法的措施完成任务。

14.3. 结构和内容

14.3.1. 手册的总体结构

《瑞士手册》的序言简要概括了手册的目的，以说明：

(a) 可适用的法律框架对瑞士武装部队的重要性；

(b) 在任何时间任何情形都需保障的核心的、不可克减的的人权；

(c) 可适用于军队执行的各类军事行动的基本法律条款，包括向警察提供支援及建立和平与安全行动（包括支持和平行动）。特别提到了普通司法机构和军事司法机构的管辖权再分配问题；以及

(d) 可适用于传统战争的法规。

序言还提到了武装冲突法部的网站，这一网站时常保持更新。[27]

序言之后是可适用的国际公约的列表，例如《世界人权宣言》《欧洲人权公约》《联合国宪章》《日内瓦四公约》及其两个《附加议定书》和《国际刑事法院罗马规约》。

至于瑞士武装部队在瑞士法律框架内的地位问题，手册明确说明武装部队必须在有关国内法和国际法框架下来执行任务。换言之，武装部队人员永远不会在"法律真空"中行动，即不存在任何不受法律约束的情形或行动。军人应对自己的行为负责（个人刑事责任原则和指挥官责任原则）。

---

[26]　违反手册的规定可以处以最高相当于三个月监禁的罚金。

[27]　参见瑞士军方网站。

手册还规定，在每一次特定类型的军事行动中，遵守并执行可适用的法律框架，既应来自指挥官的命令也应构成士兵个人的纪律。手册的这一要求明显是对《第一附加议定书》第 87 条的重述，即指挥官应当保证其下属人员遵守国际法。[28] 手册进一步重申，不得将上级命令或是对法律的无知作为替自己辩护的理由，武装力量的每一名成员都应该知道这项法规的内容。

这部手册的第二部分专门阐释了基本人权。手册给人权作了一个简要的定义，并解释其了普世性。手册通过一个简要的列表，明确了这些基本人权规则的内容，即生命和自由的权利、禁止酷刑、禁止奴役和强迫劳动、言论自由、最低限度的司法程序保障以及罪刑法定原则。手册规定，瑞士武装部队成员作为政府的代表必须保障基本人权。与此同时，武装部队成员作为瑞士公民也享有相同的权利，尽管在特定的情况和环境下，他们的权利可能受到限制。

手册规定，尤其是在军事占领的情况下，占领部队有维护占领区域和平与秩序的义务，这意味着他们应当保障基本人权。

手册认为，在存在合法的战争行为，或军队为进行自卫及救助他人生命而采取作为最后手段（*ultima ratio*）的行动时，个人的生命权可能会受到限制。手册进一步规定了武装部队向警察部队提供支援时应遵守的指导方针。手册明确了比例原则的意义，这是在进行逮捕、预防性拘留和使用火器时应当遵循的基本规则。手册接下来提出了相关的交战规则。

手册的第四部分也是最后一部分，集中论述了武装冲突中可适用的法律框架。在此部分，刑事条款，尤其是禁止违反武装冲突法的条款是为重点内容。

---

[28]　《第一附加议定书》第 87 条作如下规定：

　　一、缔约各方和冲突各方应要求军事司令官，防止在其统率下的武装部队人员和在其控制下的其它人破坏各公约和本议定书的行为，于必要时制止这种行为并向主管当局报告。

　　二、为了防止和制止破约行为，缔约各方和冲突各方应要求司令官，按照其负责地位，保证在其统率下的武装部队人员了解其依据各公约和本议定书所应负的义务。

　　三、缔约各方和冲突各方应要求任何司令官，在了解其部下或在其控制下的其它人将从事或已经从事破坏各公约或本议定书的行为时，采取防止违反各公约或本议定书的必要步骤，并于适当时对各公约或本议定书的违犯者采取纪律或刑事行动。

14.3.2. 有关国际刑法的条款

《瑞士手册》规定，武装冲突法旨在规范作战行动中参战人员的行为，其中最重要的规则包含在 1949 年《日内瓦四公约》、1977 年两部《附加议定书》和 1907 年的《海牙公约》之中。

这部手册在序言中强调，不得将上级命令和对法律的无知作为辩护理由。瑞士武装部队的每个成员都独立地对自己的行为负责。如果指挥官未能阻止他们已经知道或应该知道的犯罪行为，根据指挥官责任的一般原则，指挥官可能将承担相应责任。[29] 除此之外，手册还规定，在武装冲突中符合法律的杀伤行为不应与作为犯罪的谋杀行为相混淆：

> 对敌方人员的合法伤害，即在作战行动中杀伤敌方部队及
> 战斗人员的行为，既不构成国际罪行也不属于国内法下的
> 犯罪。[30]

上述规定对于执行维和任务的人员尤为重要。假若正在部署中的维和人员需根据当地情况，从执行《联合国宪章》第六章规定的维和行动调整为执行《宪章》第七章规定的强制和平行动，则应适用武装冲突法来规范其行为。在强制和平行动中，杀伤敌人并不构成犯罪；和平时期所需遵从的行为规范则与此有别。

手册进一步强调，遵守武装冲突法首先符合守法者自身的利益，因为国际人道法的规定是建立在互惠原则的基础之上，也就是说，一个人应该善待敌方人员，就像自己希望得到敌方的善待一样。[31]

手册还重申了武装冲突法的四项核心原则，即区分原则、比例原则、军事必要原则和限制原则。[32] 手册还简洁而清晰地解释了其他重要的概念，例如，军事目标、作战人员、受保护人员以及受保护物体。手册指出武装冲突各方在发动进攻前有责任采取预防措施，并且提供了一份一页纸的表格，综述了作战行动中可能发生的不同情形。具体而

---

[29]　关于这项原则可参见：Roberta Arnold, "Command Responsibility: A Case Study of Alleged Violations of the Laws of War at Khiam Detention Center", in *Journal of Conflict and Security Law*, 2002, vol. 7, pp. 191–232.

[30]　Swiss Military Manual, §153, see *supra* note 4:

> Die rechtmässige Schädigung des Gegners, nämlich die Tötung von gegnerischen Truppen und Kombattanten bei Kampfhandlungen, stellt weder ein völkerrechtliches Delikt noch ein Verbrechen nach nationaler Rechtsordnung dar.

[31]　*Ibid.*, §155.

[32]　*Ibid.*, §158.

言，手册会先描述一个具体目标并提问读者攻击该目标是否被允许，然后给出"正确"的答案以及简要的解释。

接下来，手册的第十七章中提到了瑞士立法中关于违反武装冲突法的条款。手册指出，违反武装冲突法的行为可以依据瑞士《刑法典》或《军事刑法典》进行审判，且包括灭绝种族罪在内的犯罪行为永远不受诉讼时效的限制。手册援引《军事刑法典》第109条的规定，违反武装冲突法的行为会导致最高三年的监禁或罚金，除非这种罪行适用于处罚更加严厉的其他条款。[33] 手册阐明，当犯罪行为发生在瑞士境内，或是犯罪行为发生在瑞士境外而犯罪嫌疑人在瑞士境内，或者案件本身与瑞士有着密切的联系时，瑞士司法机关有国际义务针对有犯罪嫌疑的瑞士公民和外国公民启动刑事程序。[34] 手册第239段阐明瑞士已经批准了《国际刑事法院罗马规约》，位于荷兰海牙的国际刑事法院则将作为一个国际刑事审判机构，对灭绝种族罪、危害人类罪、战争罪和侵略罪行使司法管辖权。手册强调，《国际刑事法院罗马规约》对这些犯罪要件提供了更完善的定义，而根据规约序言，缔约国应当采取措施确保对涉嫌犯罪人员予以起诉和追究。手册中进一步解释说，国际刑事法院的管辖权建立在补充性原则之上，因此只有在一国不愿意或不能够对某一嫌疑人提起诉讼时，国际刑事法院才能够采取措施。

手册[35]中接着为个人刑事责任和指挥官责任的概念做出了简明的定义。对定义的解释提到，无论是作为还是不作为，每个人都对自己的行为负责。特别需要注意的是，如果上级命令明显违反了法律，且士兵知道上级命令违反武装冲突法，那么士兵不得将上级命令作为替自己辩护的理由。除此之外，士兵还应该向上级报告此类事件。

至于指挥官责任，手册清楚地说明指挥官不仅有责任控制下属的行为，而且要确保下属知晓武装冲突法的基本规则。

---

[33] 2007年1月1日，瑞士开始实施新的刑事制裁体系。可参见 Roberta Arnold, "The New Sanction System in the Swiss Military Criminal Code", in *International Society for Military Law and the Law of War, Newsletter July/August/September 2007*, REF: ISMLLW 2007/3 E 1.

[34] Swiss Military Manual, §238, see *supra* note 4

[35] *Ibid.*, §§242–248.

结 语

从严格意义上讲，《瑞士手册》不是一本行动手册，而应该是一部军事法规。手册的目的是方便军队人员记忆，并使其明确知晓适用于不同类型军事行动的法律体系、基本原则和规则。手册最重要的受众是士兵和军官，因此，这部手册以清晰、易懂的形式和语言，通过图解的形式进行表述。

由于军事手册是一部军事法规，依据《军事刑法典》第 72 条以及《刑法典》的其他规定，违反手册的行为将构成犯罪，这也督促人们遵守国际武装冲突法的原则。

正由于有了军事手册，瑞士武装部队的所有人员，无论衔级高低、教育程度和社会背景如何，都拥有了规范自己行为的法律法规依据，从而避免了由于违法而导致的刑事制裁。对于衔级较低的士兵而言，一张口袋卡片就囊括了武装冲突法的基本原则，以及受保护的标识、人员和物体等。

瑞士"21 世纪军队改革"以及批准《国际刑事法院罗马规约》为瑞士武装部队提供了新的工具。除了帮助武装部队成员更好地认识到尊重武装冲突法的必要性，这套工具还将展示兼顾武装冲突法和军事任务的可行性。后者的意义尤为重大。它说明武装冲突法既不是某种舶来品，也非仅是纸上谈兵。

15

———

关于敌对行动的现实、发展和有关争议

威廉·H·布斯比 （William H. Boothby）[*]

　　我就此主题所作的阐述仅代表个人观点，并不反映英国政府和英国国防部的观点。

　　国际法是以国家为中心的。国家与国家签订条约并对条约规定的义务进行解释。各国的实践形成了习惯法，包括军事手册在内的各国官方声明就是一种国家实践。有一种颇有说服力的观点认为，相比军事手册，武装部队在战场上的所作所为才是更为重要的国家实践要素，与习惯的形成具有密切联系，但此观点与本次的讨论并不直接相关。更重要的问题是，由于军事手册是国家实践的中心要素，而在未来一个不凑巧的时刻，发生手册起草者所未能预料到的行为或事件时，一国在手册中就争议性问题所作的立场声明，难免会被援引用于攻击这个国家。这意味着军事手册在处理有争议问题时，需相当谨慎。例如六年前（2001年），我们大部分人还都没有考虑到占领法会成为一件对英国武装部队十分重要的事项，结果在 2004 年《英国手册》公布时，我们便不得不为该问题是否在手册中得到了适当的处理而焦虑。

　　这并非意味着手册应该避免困难的问题。恰恰相反，在准备起草一部军事手册时，手册文本应当涵盖武装冲突法的全部内容，无论对预料之内的事件还是小概率的事件，都应当有所考虑。因此，即使一国在筹备起草手册期间认为自己不太有可能参与某项干涉行动、反叛乱行动、空中打击行动或其他进攻性军事行动，该国在起草手册的过程中也应确保精准地阐述适用于这些类型军事行动的法律——即便是参加维和行动的维和人员，在危急情况下也需要使用武力突围。

　　最先需要回答的问题是手册内容的具体范围。有些争议性法律问题似乎超出了一部手册所预定的范围。因此，一部与战时作战规则有关的手册不应该讨论诉诸战争权的问题，或者至少不应该就这个问题写得太详细。但是，如果争议性问题没有超出预定范围，手册就应该包含对这些争议性问题的处理意见。因为在我看来，一个国家必须在其公开

---

[*]　威廉·H. 布斯比，英国皇家空军上校，皇家空军法律部门成员。

颁布的军事手册中阐述这个国家对相关法律的解读。仅仅是因为有难题就回避提及某个法律问题，会导致武装部队对此类问题缺乏了解，进而会给军队的武装冲突法训练以及一般性训练带来消极后果。

手册中所有的表述，包括针对争议性问题的观点，必须准确反映一个国家的立场，并且要考虑到这个国家在其他场合就同一问题作出的官方声明。准备起草一部军事手册的过程必然会促进一个国家直面某一项国际法问题并确定其最终立场。编撰出版一部军事手册的过程无疑会调动有关人员去专注达成这一目标。

因此，在编撰手册过程中应开展广泛的咨询，咨询对象包括政府内的专业人员和其他领域的专家，并须注意开展政府部门间的交流。例如，在处理有关文化财产的问题时，有必要咨询文化部的意见。哪些问题又构成是所谓的争议性问题呢？我认为以下几种情况是具有潜在争议性的事项：

第一类是有关战斗员地位的问题，这涉及所谓"非法战斗员"的概念及有关事项。另一类相关的热点问题则关乎战场上的承包商及其雇员的地位，各国在此问题上可能持不同立场。有关战斗员地位的争议与"直接参加敌对行动"（direct participation in hostilities）这一界定平民的标准有关，而这便引出了声名狼藉的"旋转门"问题（"revolving door"，即有批评观点指出，红十字国际委员会认为无组织或零星参加敌对行为的平民只有在参加行动期间才可以被攻击的标准，为零星参加敌对行动的平民打开了一扇能够取巧获得保护的旋转门——校者注）。在座的很多人都曾试图进一步澄清"直接参加敌对行动"这一标准，但即便如此，各国在对具体行为的定性上，还是会出现分歧。如何定义与目标选择法规有关的"军事目标"及其他相关问题，与武器有关的法规，包括对特定条约和习惯法规则的表述与解释，甚至是"武装冲突"这一术语的确切意义，以及武装冲突法与人权法的关系等，都是潜在的争议性问题。以上事项仅仅是其中的几个例子。

在处理有争议性的问题时，手册的目的并非是要针对某些有争议的观点进行冗长的学术讨论，并对各种观点的优点进行全面性地评估。相反，手册应该首先阐述不会引起争议的法律规则或条款。接下来，手册应该提及容易引发争议的具体事项，并使用明确的表述阐明该国在此争议性问题上的立场。手册起草者的一项重要任务就是要考量评估关乎争议性和非争议性问题的习惯法规则。在此事项上，红十字国际委员会编辑的《习惯国际人道法》。规则卷与评论卷将会对起草者大有裨益。手册起草者在作出结论前应该结合有关国家实践的其他证据，以及学术性的文献和材料，以确定是否存在相关的习惯国际法规范。

前段中"使用明确的表述阐明该国在此争议性问题上的立场"的建议说来容易，但实施起来可能很困难。真正的难点在于如何明确地解释法律，从而使武装部队能够实际执行手册中的规定。学术界可以自由地发展与阐述复杂的理论和构想，然而手册的起草者必须牢记，手册乃是提炼和输送法律知识的管道。这些知识将会影响军事训练，指导指挥官、计划者和操作人员在战场上的决策。因此，如果法律本身就是难以理解和自相矛盾的，或者是在武装冲突中难以实际适用，人们极有可能忽视这样的法律。同样，如果法律的内容令人困惑、模棱两可、鲜有人知，或是根本错误的，那么作战人员在战场上的行为极有可能与法律的要求相背离。

因此，当我们试图阐明争议性问题时，应当牢记，最终得出的结论必须能够实际适用于战场。进攻行动的策划者、发动进攻部队的指挥官以及那些实际参与进攻的人必须要能够理解我们对目标选择规则的阐述。那些负责判断攻击某个特定人员是否合法的人，必须能够随时理解并适用我们对"直接参加敌对行动"这一概念的解释。我们需要提出在军事语境下合理的解释，而法律由此才更可能得到落实。

我在前文指出，手册乃是习惯法的素材，并且强调了国家在战场上的实践的重要性。然而，正如我们所见，军事手册也会对一国武装部队的行为产生影响。手册因而也可谓是在这双重过程中发挥了核心作用，也可以说是国家就其国际法立场作出权威性声明的重要工具。

争议性问题往往出现在国际法规则最为薄弱之处，而这些问题反过来又会成为促进法律规则发展变化的因素。法律是不断变化的，一个国家的手册必须反映出版时适用于这个国家的现行法律。手册起草者应该注意，在编撰时不应当将那些尚处于发展变化之中的法律观点当做已经发展成型或者已经获得认可的法律规则。手册中当然可以描述法律可能的发展方向，但是手册要先阐述清楚确定的法律规则，再探讨法律发展的方向。千万不要陷入以应然法（*lex ferenda*）充当实然法（*lex lata*）的陷阱。

既然法律不断变化的属性使得手册对法律的重述总有一天会过时，手册的文本因而需要被定期重审；毕竟，人们对任何事物的理解，包括对争议性问题的解读，都会随时间的流逝而变化。手册起草者应该考虑如何让军方，以及更广泛的读者群体，更迅速地注意到手册所经历的修订。这意味着只要一个国家能够表明法律已经发展到与手册中的表述不符的程度，或者对一项确定的法律规则公认的解释已经超越了手册中所阐述规则的发展阶段，以至于手册的内容已经不能够准确反映这个国家对此项法律规则的解释，那么这个国家的行为即便与手册的内容相左，也是合法的。

最后，我们需要牢记我们为何会在一些情形中诉诸军事行动：我们的目标恰恰是要把法律和对法律的敬畏带到一些或是对法律无知，或是拒斥法律，或是习惯性违背法律的地方。如果一国武装部队在介入前事先公开声明什么样的法律对自己具有约束力，这样做只会增加这支武装部队的信誉。我们在军事手册等类似文件中公开声明自己对争议性问题的立场，这样做也有助于生成出内容连贯一致的习惯法规则（或至少是形成能与那些正在生成的不连贯一致的习惯"规则"相抗衡的实践）。但最为重要的是，一部包含了所有与武装冲突法相关问题的手册——当然也包括了争议性问题——能为有效培训与指导武装部队打下牢固的基础。

16

将国际人权法融入军事手册

路易斯·多斯瓦尔德-贝克 （Louise Doswald-Beck）
桑德拉·克瑞赫曼 （Sandra Krähenmann）*

16.1. 为何要将国际人权法融入军事手册？

国际人权法适用于所有场合，故有必要将国际人权法融入军事手册。人权条约条文明确表示，武装冲突爆发后人权条款继续适用；唯有在"社会紧急状态威胁到国家的生命（并经正式宣布）"时，保障人权的义务方有可能被克减。[1] 国际法院[2] 和人权条约机构[3] 都坚持认为，在

---

* 路易斯·多斯瓦尔德-贝克是瑞士日内瓦高等国际关系与发展学院教授。桑德拉·克瑞赫曼是日内瓦国际人道法与人权学院教学助理，并正在日内瓦高等国际关系与发展学院攻读博士学位。

[1] 《公民权利和政治权利国际公约》（International Covenant on Civil and Political Rights）第四条 (https://www.legal-tools.org/doc/2838f3/)。

[2] See International Court of Justice, *Legality of the Threat or Use of Nuclear Weapons*, Advisory Opinion, 8 July 1996, I.C.J. Reports 1996, para. 25 (https://www.legal-tools.org/doc/d97bc1/); *Ibid.*, *Legal Consequences of the Construction of a Wall in the Occupied Palestinian Territory*, Advisory Opinion, 9 July 2004, I.C.J. Reports 2004, paras. 102–114 ('*Palestinian Wall Advisory Opinion*') (https://www.legal-tools.org/doc/e5231b/); *ibid.*, *Case Concerning Armed Activities on the Territory of the Congo (Democratic Republic of the Congo v. Uganda)*, *Judgement*, 19 December 2005, I.C.J. Reports 2005, para. 216 ('*Armed Activities*') (https://www.legal-tools.org/doc/8f7fa3/).

[3] See Human Rights Committee, General Comment No. 29: Article 4: Derogations during a State of Emergency, UN Doc. CCPR/C/21/Rev.1/Add.11, 31 August 2001 ('General Comment No. 29') (https://www.legal-tools.org/doc/4ea1d5/); *ibid.*, General Comment No. 31: The Nature of the General Legal Obligation Imposed on States Parties to the Covenant, UN Doc. CCPR/C/21/Rev.1/Add.13, 26 May 2004, para. 11 ('General Comment No. 31') (https://www.legal-tools.org/doc/e7d9a3/).

武装冲突中人权法依然适用。联合国大会[4] 和安全理事会[5] 决议表明的广泛国家实践也确认了这一观点。此外，随着大多数国家都加入了人权条约，再加上许多人权条约中都提供了个人申诉的权利，包括北欧国家在内的很多国家会发现自己也受到人权机构的约束。人权机构一直都在积极分析武装冲突中侵犯人权的行为。[6]

此外，人权法可以适用于国际人道法不能适用的情形，因为很多军事行动并不构成武装冲突，或者在一些情况下相关政府不愿承认存在武装冲突。[7] 适用人权法与某个情势是否正式构成武装冲突毫无关系。

最后，人权法有助于澄清和补充国际人道法。在一些情况下，尤其是在非国际性武装冲突和占领的情况下，国际人道法的适用性模糊不清，但人权法在这些情况中依然可以适用。例如，在非国际性武装冲

---

[4] See, for example, United Nations General Assembly, Situation of Human Rights in Kuwait under Iraqi Occupation, UN Doc. A/RES/46/135, 17 December 1991, *ibid.*, Situation of human rights in Afghanistan, UN Doc. A/RES/52/145, 6 March 1998, and *ibid.*, The situation in Afghanistan, UN Doc. A/RES/62/6, 13 December 2007.

[5] See, for example, United Nations Security Council, Violations of international humanitarian law and of human rights in the territory of the former Yugoslavia, UN Doc. S/RES/1034 (1995), 21 December 1995 (https://www.legal-tools.org/doc/106ad9/), *ibid.*, The situation concerning the Democratic Republic of the Congo, UN Doc. S/RES/1565 (2004), 1 October 2004 (https://www.legal-tools.org/doc/c2fcd1/), *ibid.*, Protection of civilians in armed conflict, UN Doc. S/RES/1738 (2006), 23 December 2006 (https://www.legal-tools.org/doc/b59604/).

[6] See, for example, European Court of Human Rights, *Loizidou v. Turkey*, Merits, Judgement, 18 December 1996, Application no. 15318/89 (https://www.legal-tools.org/doc/ddfdc5/); *ibid.*, *Ergi v. Turkey*, Judgement, 28 July 1998, 66/1997/850/1057 ('*Ergi v. Turkey*') (https://www.legal-tools.org/doc/13a402/); *ibid.*, *Isayeva v. Russia*, Judgement, 24 February 2005, Application no. 57950/00 ('*Isayeva v. Russia*') (https://www.legal-tools.org/doc/585c07/); *ibid.*, *Isayeva, Yusupova and Bazayeva v. Russia*, Judgement, 24 February 2005, Applications nos. 57947/00, 57948/00 and 57949/00 ('*Isayeva, Yusupova and Bazayeva v. Russia*') (https://www.legal-tools.org/doc/a2ef7e/); Inter-American Court of Human Rights, *Bámaca Velásquez v. Guatemala*, Judgement, 25 November 2000, Serie C No. 70 ('*Bámaca Velásquez v. Guatemala*') (https://www.legal-tools.org/doc/e1f6bb/); *ibid.*, *Case of the "Mapiripán Massacre" v. Colombia*, Judgement, 15 September 2005, Series C No. 134 ('*Mapiripán Massacre*') (https://www.legal-tools.org/doc/5830c0/); *ibid.*, *Case of the Pueblo Bello Massacre v. Colombia*, Judgement, 31 January 2006, Series C No. 140 ('*Pueblo Bello Massacre*') (https://www.legal-tools.org/doc/cb12ef/).

[7] 如就土耳其东南部及车臣的局势，相关各国政府都否认存在武装冲突。

突中处置审前被拘留者或是未经审判的被拘留者的问题上，国际人道法存在严重漏洞，而人权法则在此问题上对国家行为有所规范。

16.2. 关于人权法要澄清的问题

在解决哪些人权规则应该被写进军事手册这个问题之前，我们需要先对人权法的一些一般性问题予以澄清。

第一个需要澄清的是人权法约束谁的问题。多数意见认为人权法不同于国际人道法，只对国家具有约束力。我们在这里讨论的是国家军事手册，因此这并不是问题。然而，我们知道，国家的作为或者不作为都有可能导致侵犯人权现象的出现，因为根据人权法，国家承担"尊重和<u>保证</u>……权利"的一般性义务。[8] 因此，国家负有勤勉义务（due diligence obligation）去保护每个人的人权不受其他个人或团体侵害，包括反叛武装和准军事部队。[9] 如果政府当局已经知晓或本应该知晓个人已受到非政府实体的威胁，但未采取措施，那么这个政府就违反了自己应承担的人权义务。美洲人权法院和欧洲人权法院均在判决中指出，如果一个国家未能保护公民免于准军事部队的武力侵害，那么这个国家即是侵害了受害人的生命权。[10]

另一个经常被提及的问题涉及人权条约的域外适用，即当一个国家在本国境外采取军事行动时，人权法是否对这个国家具有法律约束力的问题。大多数人权条约都包含一条表述相似但又不尽相同的条款，该条款将人权条款的适用限制在处于缔约国"管辖"下的个人。[11] 因

---

[8]　《公民权利和政治权利国际公约》第 2 条第一款。着重为笔者所加。也参加《欧洲人权公约》第 1 条 (https://www.legal-tools.org/doc/8267cb/)；《美洲人权公约》第 1 条第 1 款 (https://www.legal-tools.org/doc/1152cf/)。

[9]　General Comment No. 31, para. 8, see *supra* note 3.

[10]　Inter-American Court of Human Rights, *Velásquez-Rodríguez v. Honduras*, Judgement, 29 July 1988, para. 182 ('*Velásquez-Rodríguez v. Honduras*') (https://www.legal-tools.org/doc/dd66e1/); *Mapiripán Massacre*, para. 123, see *supra* note 6; *ibid.*, *Pueblo Bello Massacre*, para. 140, see *supra* note 6; European Court of Human Rights, *Kiliç v. Turkey*, Judgement, 28 March 2000, Application no. 22492/93, para. 77 (https://www.legal-tools.org/doc/kg5m69/); *ibid.*, *Mahmut Kaya v. Turkey*, Judgement, 28 March 2000, Application no. 22535/93, para. 101 (https://www.legal-tools.org/doc/eace8d/).

[11]　参见《欧洲人权公约》第 1 条。《公民权利和政治权利国际公约》第 2 条第 1 款写到"在其领土内和受其管辖的一切个人"。联合国人权事务委员会（参见 General Comment No. 31, para. 10, see *supra* note 3）及国际法院（参见 *Palestinian Wall Advisory Opinion*, para.

此，不论缔约国在何处行使管辖权，人权条约均适用。"管辖权"一词通常被理解为是国家对某一地区（或该地区的一部分）或某一个人行使了有效控制。第一种解读，即"管辖权"是为对某一地区行使的有效控制，可见于一些涉及军事占领的案件：国际法院和人权条约机构都认为，人权法适用于军事占领的情形。[12] 这种对管辖权的理解也涵盖对某地区实施非永久性控制的情形。在欧洲人权法院即在一个涉及土耳其在伊拉克北部展开军事行动的案件中指出，通过军事行动对某一地区产生的临时控制，可以被视为行使了管辖权。[13] 第二种可能的解读认为，即便是一个国家未能在某一地区建立起有效的控制，只要这个国家对某个人实施了有效控制，则它仍然可以被视为是对该人行使了管辖权。例如，在境外对个人进行抓捕并将其拘留，此人可以被视为处于这个国家的管辖权之下。[14] 一国实施空袭是否可以被视为对受害者实施管辖权，这个问题仍然存在争议。例如，在北约部队空袭塞尔维亚广播电视台的案件中，欧洲人权法院否认北约的空袭可以被视作行使管辖权。[15] 在另一个案件中，当古巴在国际空域击落持不同政见者所搭乘的

109, *supra* note 2）均将此句中的"和"解释为是区分连词（即"和"前后的"在其领土内（的个人）"与"受其管辖的个人"系并列关系——校者注）。

[12] International Court of Justice, *Palestinian Wall Advisory Opinion*, paras. 107–13, see *supra* note 2; *ibid.*, *Armed Activities*, para. 216, see *supra* note 2; Human Rights Committee, Concluding Observations: Israel, UN Doc. CCPR/CO/78/ISR, 21 August 2003, para. 11; European Court of Human Rights, *Loizidou v. Turkey*, Preliminary Objections, Judgement, 23 March 1995, Application no. 15318/89, paras. 59–63 (https://www.legal-tools.org/doc/ddfdc5/); *ibid.*, *Cyprus v. Turkey*, Judgement, 10 May 2001, Application no. 25781/94, paras. 75–81 (https://www.legal-tools.org/doc/3ea72b/).

[13] European Court of Human Rights, *Issa v. Turkey*, Merits, Judgement, 16 November 2004, Application no. 31821/96, para. 74 (https://www.legal-tools.org/doc/3613b5/). 土耳其的军事行动持续了六个星期。

[14] See, for example, Human Rights Committee, *Lopez Burgos v. Uruguay*, Views, UN Doc. CCPR/C/13/D/52/1979, 29 July 1981, paras. 12.1–12.3 (https://www.legal-tools.org/doc/2ie6ly/); European Court of Human Rights, *Öcalan v. Turkey*, Judgement, 12 May 2005, Application no. 46221/99, para. 91 ('*Öcalan v. Turkey*') (https://www.legal-tools.org/doc/bef2a7/); Inter-American Commission on Human Rights, *Coard et al. v. United States*, 29 September 1999, Report No. 109/99, para. 37 ('*Coard et al. v. United States*') (https://www.legal-tools.org/doc/w3067m/).

[15] European Court of Human Rights, *Banković v. Belgium*, Admissibility, Judgement, 12 December 2001, Application no. 52207/99, paras. 34–81 (https://www.legal-tools.org/doc/c18845/).

飞机时，美洲间国家人权委员会则裁定古巴对持不同政见者行使了管辖权。[16]

除了管辖权之外，还需要考虑归责问题。这个问题与维护和平行动或者强制执行和平行动有密切关系，实施行动的国家部队可能在这些行动中行使了管辖权，[17] 但具体的责任应归于一个国际组织而非派遣国。最近，欧洲人权法院宣布不予受理在科索沃的维和人员涉嫌违犯人权法的两起案件，因为维和人员的行为应归责于联合国而非派遣国。[18]

本文开篇写到，在武装冲突中人权法依然适用，但在紧急情况下允许部分克减。但同时需要避免对此常见的误读是，除了那些专门规定不可克减的人权之外[19]，其他的人权可以在宣布紧急状态的情况下被完全取消。相反，所谓的可以克减的人权在紧急状态中依然存在，只有在严格且必要的特定情形下，那些人权才可以受到限制。人权条约机构对这一点有着严格的解释并且从未接受过人权可被取消的观点。[20]

---

[16] Inter-American Commission on Human Rights, *Armado Alejandre Jr. v. Cuba ("Brothers to the Rescue")*, 29 September 1999, Report No. 86/99 ('*Brothers to the Rescue*').

[17] See, for example, General Comment No. 31, para. 10, see *supra* note 3; *ibid.*, Concluding Observations: Netherlands, UN Doc. CCPR/CO/72/NET, 27 August 2001, para. 8; *ibid.*, Concluding Observations: Belgium, UN Doc. CCPR/C/79/Add.90, 19 November 1998, para. 14.

[18] European Court of Human Rights, *Behrami and Behrami v. France* and *Saramati v. France, Germany and Norway*, Admissibility, Judgement, 2 May 2007, Applications nos. 71412/01 and 78166/01, paras. 144–52 (https://www.legal-tools.org/doc/83r88n/).

[19] 参见人权条约中包含的不可克减权利的列表，即《公民权利和政治权利国际公约》第 4 条第 2 款（并为联合国人权事务委员会所进一步扩展，Human Rights Committee, General Comment No. 29, see *supra* note 3）；《欧洲人权公约》第 15 条第 2 款；《美洲人权公约》第 27 条第 2 款。《非洲人权与民族权宪章》中没有关于可以克减的权利的条款。

[20] See, for example, Human Rights Committee, General Comment No. 29, para. 4, see *supra* note 3. 下面的案件评估了围绕行政拘禁展开的克减措施。European Court of Human Rights, *Lawless v. Ireland*, Merits, Judgement, 1 July 1961, Application no. 332/57, paras. 31–8 (https://www.legal-tools.org/doc/d803eb/); *ibid.*, *Ireland v. United Kingdom*, Judgement, 18 January 1978, Application no. 5310/71, paras. 211–21 ('McCann v. United Kingdom') (https://www.legal-tools.org/doc/f65137/). 关于在刑事诉讼过程中需要迅速接受法官审判这项权利的克减问题，参见，如，同上 *Brannigan and McBride v. United Kingdom*, Judgement, 25 May, 1993, Applications nos. 14553/89 and 14554/89, paras. 48–66 (https://www.legal-tools.org/doc/75fc82/); *ibid.*, *Aksoy v. Turkey*, Judgement, 18 December

16.3. 军事手册中需要包括哪些人权规则？

一部军事手册最起码需要指出，所有的人权在武装冲突中依然有效。因此，有一名高水平的法律顾问非常重要。此外，应该把最相关的人权规则列出来，并强调它们在非国际性武装冲突、军事占领（无论该占领是否得到了国家的官方承认）以及在国家在对某地区或某个人行使实际控制的行动中都非常重要。接下来的部分将对手册中应该列出的最重要的人权规则进行简要概述。

16.4. 哪些人权最为重要？

16.4.1. 禁止任意剥夺生命

在四部最重要的人权条约中，生命权都被列为是不可克减的人权。[21] 《欧洲人权公约》将"合法战争行为引起的死亡"[22]设为例外。尽管欧洲人权法院已经听审了多起有关敌对行动造成死亡的案件，法院却从未适用过该项条款。可以说，"合法的战争行为"一词指的是在国际性武装冲突中符合国际人道法的攻击行为。这意味着，在不属于国际性武装冲突敌对行为的作战行动中，缔约国行为必须符合"禁止任意剥夺生命"的标准。

人权机构通过一系列涉及对叛军使用武力的案例对"禁止任意剥夺生命"做出了解释。有关案例决定的都遵循相同的思路，即在能够实施抓捕的情况下，仅有在"绝对迫不得已"（more than absolutely

---

1996, Application no. 21987/93, paras. 67–87 (https://www.legal-tools.org/doc/abeafe/); Inter-American Court of Human Rights, *Castillo Petruzzi et al. v. Peru*, Judgement, 30 May 1999, paras. 104–12 (https://www.legal-tools.org/doc/2fb77f/). 关于人身保护权的不可克减性和紧急情况下寻求救济的权利，美洲国家间人权法院已经发布了两项咨询意见。*Ibid., Habeas Corpus in Emergency Situations*, Advisory Opinion, 30 January 1987, OC-8/87 ('*Habeas Corpus Advisory Opinion*') (https://www.legal-tools.org/doc/kjs2c8/); *id., Judicial Guarantees in States of Emergency*, Advisory Opinion, 6 October 1987, OC-9/87 (https://www.legal-tools.org/doc/0c674d/). 通过一件涉及逮捕并审判恐怖分子嫌疑人的案件，美洲国家间人权法院已经对自由权和受到公平审判的权利的可克减性进行了分析。See Inter-American Commission, *Ascencios Lindo and others v. Peru*, 13 April 2000, paras. 69–137, Report No. 49/100.

[21] 参见，如，《公民权利和政治权利国际公约》第 4 条第 2 款；《美洲人权公约》第 27 条第 2 款；《欧洲人权公约》第 15 条第 2 款。

[22] 《欧洲人权公约》第 15 条第 2 款。

---

necessary）的情势下方得诉诸致命性武力。[23] 在"格雷罗诉哥伦比亚"（Guerrero v. Colombia）一案中，政府武装部队突袭一座房屋，因为他们怀疑一位前大使在屋内被"游击队"劫为人质，然而屋内其实并无人质。当反叛武装成员返回房屋时，尽管他们中间无人持有武器，政府武装部队还是将这些人近距离击杀。由于在当时的情形下，对反叛武装成员实施抓捕是可行的，因此联合国人权事务委员会认为政府武装部队使用武力侵犯了生命权。[24] 此外，即便是能够证明使用武力的正当性，政府武装部队在计划阶段准备不足，仍然有可能构成对生命权的侵犯。在"麦肯等诉英国"（McCann and Others v. United Kingdom）案中，有三名爱尔兰共和军（Irish Republican Army）成员被击毙。欧洲人权法院通过这一案件着重区分了实际使用武力的行为和对行动的规划。[25] 英国警察击毙爱尔兰共和军成员的行为并不构成对生命权的侵犯：因为警察当时确信这几名爱尔兰共和军成员正准备引爆汽车炸弹。[26] 然而，由于英国政府未能事先就其行动做好规划，未能有效降低使用武力的几率，这种不作为构成了对爱尔兰共和军成员生命权的侵犯。具体而言，英国政府此前本来有机会逮捕这几名爱尔兰共和军成员，却未实施逮捕。[27] 最后需要注意的是，即便是在不能实施抓捕的情况下，使用武力也非不受约束：人权机构曾强调过，对不具有危险性的人员使用武力是过当的行为，因此也是不合法的，即便这意味着可能无法逮捕这些人。[28]

这些案例都只涉及在敌对行动以外使用武力的情形。欧洲人权法院从未处理过关于在敌对行动中针对反叛武装人员使用武力的案件。

---

[23]　同上，第 2 条第 2 款。

[24]　Human Rights Committee, *Guerrero v. Colombia*, Views, UN Doc. CCPR/C/15/D/45/1979, 31 March 1982, paras. 13.1–13.3 (https://www.legal-tools.org/doc/49536f/).

[25]　European Court of Human Rights, *McCann and others v. United Kingdom*, Judgement, 5 September 1995, Application no. 18984/91 (https://www.legal-tools.org/doc/0e1a62/).

[26]　*Ibid.*, paras. 195–200.

[27]　*Ibid.*, paras. 202–13.。

[28]　See, for example, *Brothers to the Rescue*, paras. 37–45, *supra* note 16; European Court of Human Rights, *Nachova and Others v. Bulgaria*, Judgement, 6 July 2005, Applications nos. 43577/98 and 43579/98, paras. 93–109 (https://www.legal-tools.org/doc/c583fc/). 这些案例不是由武装冲突引发的，但它们阐述的比例原则在武装冲突中依然适用，因为人权法的适用性不区分和平时期与武装冲突时期。这些案例反映了联合国"执法人员使用武力和火器的基本原则"的第九项原则，这项原则在 1990 年 8 月 27 日至 9 月 7 日古巴哈瓦那举行的第八届联合国预防犯罪与罪犯待遇大会上得以采纳。

另一方面，在审理由敌对行动中平民受害者的亲属提起的案件时，欧洲人权法院强调国家需要采取充分的预防措施以避免造成平民伤亡。在审理对车臣反叛武装使用武力的案件时，欧洲人权法院承认，为了平息叛乱而使用具有潜在致命性的武力是必要的。然而在该案件中，欧洲人权法院查明俄罗斯在进攻的计划和实施阶段，由于没有采取充分的预防措施，也构成了对当地人生命权的侵犯。[29]

以上的概览表明，在实践中对不属于国际性武装冲突中敌对行为的军事行动进行计划时，只要条件允许，应优先逮捕使用武力或涉嫌使用武力的人员。在必须使用武力的时候，应采取充分的预防措施，把平民的伤亡降到最低。

16.4.2. 禁止酷刑和不人道的、有辱人格的待遇或惩罚

国际法明确规定禁止酷刑和不人道的、有辱人格的待遇或惩罚。无论是在全球还是区域层面，一般性人权条约[30] 和专门禁止酷刑和其他虐待行为的特别人权条约[31] 均谴责这些行为。在所有这些条约中，禁止酷刑的义务都不可克减。国际人道法同样也禁止酷刑和其他虐待行为。[32] 最后，人权法包含了预防和惩罚酷刑的特定义务和机制，故而构成了对国际人道法的补充。

首先，专门人权条约力图通过建立探访机制来防止酷刑，例如1987 年《欧洲防止酷刑和不人道或有辱人格待遇或处罚公约》建立了欧洲防止酷刑、不人道或有辱人格待遇或处罚委员会。同样的，联合国《禁止酷刑公约任择议定书》也建立了一个新的国际机构——联合国禁止酷刑委员会。此外，联合国《禁止酷刑公约任择议定书》的缔约国有义务建立或者指定禁止酷刑的国家防制机制。这些机构有权探访拘留所，并向缔约国提出建议。

---

[29] *Isayeva v. Russia*, paras. 162–201, see *supra* note 6; *ibid.*, *Isayeva, Yusupova and Bazayeva v. Russia*, paras. 155–200, see *supra* note 6; *ibid.*, *Ergi v. Turkey*, paras. 77–81, see *supra* note 6.

[30] 参见，如，《公民权利与政治权利国际公约》第 7 条；《欧洲人权公约》第 3 条；《美洲人权公约》第 5 条第 2 款；《非洲人权和民族权宪章》第 5 条。

[31] 参见，如，联合国《禁止酷刑和其他残忍、不人道或有辱人格的待遇或处罚公约》(https://www.legal-tools.org/doc/326294/);《美洲防止及惩治酷刑公约》(https://www.legal-tools.org/doc/56bf3b/) 和 《欧洲防止酷刑和不人道或有辱人格待遇或处罚公约》(https://www.legal-tools.org/doc/69f110/).

[32] 参见，如，1949 年《日内瓦四公约》的共同第 3 条。

第二，联合国《禁止酷刑公约》不仅规定了缔约国有采取措施禁止酷刑的一般性义务[33]，还规定了禁止酷刑的具体预防措施，例如，对执法机构的官员和军人[34] 提供适当培训的义务，以及审查审讯规则的义务。[35]

最后，联合国《禁止酷刑公约》规定了对酷刑实施者[36] 提起诉讼的程序和对受害者进行补偿的程序。[37]

16.4.3. 禁止强迫失踪

国际人权机构严厉批判强迫失踪这种行为，认为这种行为侵犯了多项人权，包括人身自由与安全权、生命权以及免受酷刑和其他残忍待遇。[38] 除此之外，强迫失踪侵犯了遭受强迫失踪者的家属的权利。[39]

---

[33] 联合国《禁止酷刑公约》第 2 条第 1 款。联合国禁止酷刑委员会（Committee Against Torture）在其结论性意见中确认了联合国《禁止酷刑公约》域外适用性，即公约义务覆盖到缔约国领土以外但处于其实际控制下的地区和个人。参见 Committee Against Torture, Conclusions and recommendations of the Committee against Torture: Argentina, UN Doc. CAT/C/CR/33, 10 December 2004, para. 4(b); *ibid.*, Conclusions and recommendations of the Committee against Torture: United States of America, UN Doc. CAT/C/USA/CO/2, 25 July 2006, para. 15.

[34] 联合国《禁止酷刑公约》第 10 条。

[35] 同上，第 11 条。

[36] 同上，第 4–8 条。

[37] 同上，第 12–14 条。

[38] See, for example, *Velásquez-Rodríguez v. Honduras*, paras. 149–58, *supra* note 10; European Court of Human Rights, *Çiçek v. Turkey*, Judgement, 27 February 2001, Application no. 25704/94, paras. 125–69 ('*Çiçek v. Turkey*') (https://www.legal-tools.org/doc/b4aac2/); *ibid.*, *Bazorkina v. Russia*, Judgement, 27 July 2006, Application no. 69481/01, paras. 98–149 ('*Bazorkina v. Russia*') (https://www.legal-tools.org/doc/7f137a/).

[39] See, *ibid.*, *Bámaca Velásquez v. Guatemala*, paras. 159–66, *supra* note 6; *Çiçek v. Turkey*, paras. 170–174, see *supra* note 38; *ibid.*, *Bazorkina v. Russia*, paras. 137–42, see *supra* note 38.

2006 年 11 月[40] 联合国大会通过了《保护所有人免遭强迫失踪国际公约》，这是第一部包括了"强迫失踪"[41] 定义以及在所有情况下[42]禁止强迫失踪的第一部普遍性公约。这部公约为了消除对违法者有罪不罚的现象和杜绝强迫失踪，增添了额外的规则和程序。这部公约也是第一次明确承认，遭受强迫失踪者的家属也属于受害者，并拥有申请赔偿的权利。根据这部公约设立的强迫失踪问题委员会行使监督缔约国履行条约的职责。

16.4.4. 禁止奴隶、奴役和贩运人口

武装冲突常常导致奴隶现象，尤其是性奴隶现象以及贩运人口现象增多。[43] 人权法和国际刑法均严厉批判这些行为。根据人权条约，禁止奴隶和奴役的义务是不可克减的。[44] 国际刑法规定奴役行为构成危害人类罪。[45] 具体而言，性奴役既可能构成危害人类罪[46]，也可能在国际性[47] 和非国际性武装冲突[48] 中构成战争罪。作为跨国犯罪的人口贩卖受到两部专门条约的管控：欧洲理事会《打击人口贩卖行动公约》[49]和《联合国打击跨国有组织犯罪公约关于预防、禁止和惩治贩运人口特

---

[40] International Convention for the Protection of All Persons from Enforced Disappearance, 12 January 2007 (https://www.legal-tools.org/doc/0d0674/).

[41] 《保护所有人免遭强迫失踪国际公约》第 2 条规定："在本公约中，'强迫失踪'系指由国家代理人，或得到国家授权、支持或默许的个人或组织，实施逮捕、羁押、绑架，或以任何其他形式剥夺自由的行为，并拒绝承认剥夺自由之实情，隐瞒失踪者的命运或下落，致使失踪者不能得到法律的保护。"

[42] 同上，第 1 条第 1 款。

[43] 参见，如，针对妇女暴行的特别报告员报告，这一报告最后形成联合国文件： Report of the Special Rapporteur on Violence Against Women, Its Causes and Consequences: Violence Against Women Perpetrated and/or Condoned by the State During Times of Armed Conflict (1997–2000), UN Doc. E/CN.4/2001/73, 23 January 2001, para. 53; Report of the High Commissioner for Human Rights: Systematic Rape, Slavery and Slavery-Like Practices During Armed Conflict, UN Doc. E/CN.4/Sub.2/2003/27, 17 June 2003.

[44] 参见，如，《公民权利与政治权利国际公约》第 8 条；《美洲人权公约》第 6 条；《非洲人权与民族权宪章》第 5 条；《欧洲人权公约》第 4 条。

[45] 参见《罗马规约》第 7 条第 1 款第 3 项。第 7 条第 2 款第 3 项规定："'奴役'是指对一人形式附属于所有权的任何或一切权力，包括在贩运人口，特别是贩运妇女和儿童的过程中行使这种权力。"

[46] 同上，第 7 条第 1 款第 7 项。

[47] 同上，第 8 条第 2 款第 22 项。

[48] 同上，第 8 条第 2 款第 5 项第 6 目。

[49] 这部条约于 2005 年 5 月 3 日在部长委员会上通过，于 2008 年 2 月 1 日生效。

别是妇女和儿童行为的补充议定书》（后者补充完善了《联合国打击跨国有组织犯罪公约》）。[50] 这些条约不仅力图防止贩运人口并起诉贩运者，还旨在保护被贩运的受害者的人权。欧洲理事会《打击人口贩卖行动公约》还建立了打击贩运人口行动专家组（GRETA）作为独立监测机构。

16.4.5. 禁止任意剥夺人身自由

禁止任意拘禁的规则具有多方面的涵义，本文无法面面俱到。此外，在某种程度上，这一规则的适用取决于国家是否意欲提起刑事诉讼程序。[51] 任何人在被短暂剥夺自由权时，获得人身保护令的权利（right of *habeas corpus*）或与之等同的权利必须得到尊重，这是底线。[52] 尽管人身保护权并没有被明确列入不可克减的权利，但 和美洲人权法院均坚持认为获得人身保护令的权利不得克减，因为该权利是维护其他不可克减的人权，例如免于酷刑和其他虐待行为的权利的重要保障。[53] 在当地法庭不存在、不可用或不适合的情况下，需要另建一所法庭。该机构应该能对剥夺人身自由的行为究竟是合法抑或是肆意，独立做出具

---

[50] 联合国大会（UN Doc. A/RES/55/25）通过了这部条约（https://www.legal-tools.org/doc/a2ce38/）及其议定书（https://www.legal-tools.org/doc/2a0ffe/），这部条约于 2003 年 9 月 29 日生效，议定书于 2003 年 12 月 25 日生效。

[51] 特别要指出的是，迅速接受法官审判的权利和在合理时间内接受审判的权利只适用于刑事审判。参见《欧洲人权公约》第 5 条第 3 款；《公民权利与政治权利国际公约》第 9 条第 3 款。

[52] 关于在押的任何人都能享有人身保护权的原则，可参见，如, Human Rights Committee, General Comment No. 8: Article 9 (Right to Liberty and Security of Persons), 30 June 1982, para. 1 (https://www.legal-tools.org/doc/36f900/); *ibid.*, *Vuolanne v. Finland*, Views, UN Doc. CCPR/C/35/D/265/1987, 2 May 1989, paras. 9.3–9.5 (https://www.legal-tools.org/doc/aq8785/); European Court of Human Rights, *Ireland v. United Kingdom*, paras. 197–201, see *supra* note 20. 关于时间问题，参见 Human Rights Committee, *Torres v. Finland*, Views, UN Doc. CCPR/C/38/D/291/1988, 5 April 1990, para. 7.3 (https://www.legal-tools.org/doc/9cvbfk/); European Court of Human Rights, *De Jong, Baljet and Van den Brink v. The Netherlands*, Judgement, 22 May 1984, Applications nos. 8805/79, 8806/79 and 9242/81, paras. 55–59 (https://www.legal-tools.org/doc/34aacb/).

[53] Human Rights Committee, General Comment No. 29, para. 16, *supra* note 3; Inter-American Court of Human Rights, *Habeas Corpus Advisory Opinion*, paras. 29–43, see *supra* note 20.

有约束力的裁判。[54] 被拘留者应当有权定期求助于这样的机构。[55] 在"科德等诉美国"（Coard *et al.* v. United States）案中，美洲国家间人权委员会确认了在武装冲突情况下保障此类权利的义务。美国在入侵格林纳达时，出于安全因素考虑而逮捕了几名人员。[56] 这几名人员被关押了九到十二天不等，然后才被移交给当地政府。在这几天中，有六至十天是处于敌对状态已经结束的情况。然而，在被美军拘留期间，这几个人无法求助于法院来以针对拘留的合法性提出异议。[57] 美洲国家间人权委员会承认，出于安全考虑对这些人予以拘留是必要的，但同时认为美国在剥夺被拘留人诉诸审查程序的行为侵犯了他们的权利。[58] 这样的审查程序并不要求由格林纳达的法院执行，而是可由美国设立。[59]

16.4.6. 获得律师帮助的权利

被拘禁的人有权利在短时间内获得律师的帮助。人权条约中并未明确列出这项人权，但人权机构强调，获得律师帮助的权利是对其他人权进行推论的必然结果。最重要的是，获得律师帮助还是防止出现酷刑和其他虐待行为[60] 以及强迫失踪[61] 的手段之一。此外，被拘禁者为了有

---

[54] 对审查机构所应具有的特征的讨论，参见，如，Human Rights Committee, *Vuolanne v. Finland*, para. 9.6, see *supra* note 52; European Court of Human Rights, *Chahal v. United Kingdom,* Judgement, 15 November 1996, Application no. 22414/93, paras. 124–33, 144 (https://www.legal-tools.org/doc/8b9962/).

[55] See European Court of Human Rights, *Winterwerp v. Netherlands,* Judgement, 24 October 1979, Application no. 6301/73, paras. 53–61 (https://www.legal-tools.org/doc/e76338/).

[56] 有几名申诉者此前曾在政府中任职，其他人则是格林纳达革命军事委员会的官员。美洲人权委员会未能在是事实层面上确认美国究竟是将他们作为平民抑或战俘加以拘禁。故在分析中，委员会将他们认定为平民，如同美国方面的主张一样。参见 Inter-American Commission, *Coard et al. v. United States*, paras. 45–50, *supra* note 14.

[57] 同上，第 57 段。

[58] 同上，第 60 段。

[59] 同上，第 58 段。

[60] See, for example, Human Rights Committee, General Comment No. 20: Article 7 (Prohibition of Torture, or Other Cruel, Inhuman or Degrading Treatment or Punishment), 10 March 1992, para. 11 (https://www.legal-tools.org/doc/f97ea2/); Report of the Special Rapporteur on Torture and Other Cruel, Inhuman or Degrading, Treatment or Punishment, UN Doc. E/CN.4/2004/56, 23 December 2003, paras. 27–49 (https://www.legal-tools.org/doc/66b957/).

[61] 参见《保护所有人免遭强迫失踪国际公约》第 17 条第 2 款第 4 项 (https://www.legal-tools.org/doc/0d0674/)。

效行使获得人身保护令的权利，也应得到法律援助。[62] 在刑事诉讼这一具体情境下，尽早取得律师协助可以有效保障被告人获得公正审判的权利。[63] 最后，诸如联合国《保护所有遭受任何形式拘留或监禁的人的原则》[64] 和《欧洲监狱规则》[65] 这样的软法文件中都规定，任何被拘禁的人都享有获得律师协助的权利。

16.4.7. 实施调查的义务

人权条约本身并没有规定实施调查的义务，但人权机构强调，这项义务是基于各国"保障"人权的义务。[66] 因此，当出现涉及非法致死（包括在武装冲突中出现的致死）、失踪、酷刑或其他严重侵犯人权的行为的怀疑或指控时，缔约国应当开展有效的调查。此类调查可以通过不同的形式实施，但为了保证调查"切实有效"，调查工作要满足某些标准。首先，实施调查的机构必须是独立的机构，不仅在体制上独立，而且在实际调查中也是独立行事。在政府机构涉嫌侵犯人权的情形中，这项标准尤为重要。其次，调查机构应该独立、迅速地实施调查。除此之外，调查过程必须公开透明，使公众可以对调查过程和调查结果进行监督。受害者的家属应被纳入到调查过程中以使他们的权利也能得到保护，但具体参与程度应视具体情况所定。最后，调查应能确定需为侵

---

[62] See, for example, Human Rights Committee, *A. v. Australia,* Views, UN Doc. CCPR/C/59/D/560/1993, 30 April 1997, para. 9.6 (https://www.legal-tools.org/doc/f8f4hg/); European Court of Human Rights, *Megyeri v. Germany*, Judgement, 12 May 1992, Application no. 13770/88, paras. 21–7 (https://www.legal-tools.org/doc/e3texw/).

[63] See *Öcalan v. Turkey*, para. 131, *supra* note 14.

[64] 原则 17 和原则 18。这些原则附在联合国大会决议 43/174 之后。

[65] Rule 23 of the European Prison Rules which are annexed to Recommendation Rec (2006)2 of the Committee of Ministers to member states on the European Prison Rules, adopted by the Committee of Ministers on 11 January 2006 at the 952nd meeting of the Ministers Deputies.

[66] See, for example, Human Rights Committee, *Laureano Atachahua v. Peru*, Views, UN Doc. CCPR/C/56/D/540/1993, 16 April 1996, para. 8.3 (https://www.legal-tools.org/doc/kicxqa/); European Court of Human Rights, *Kaya v. Turkey*, Judgement, 19 February 1998, 158/1996/777/978, paras. 86–92 (https://www.legal-tools.org/doc/fd93c0/); Inter-American Court of Human Rights, *Myrna Mack Chang v. Guatemala*, Judgement, 25 November 2003, Series C No. 101, paras. 152–58 (https://www.legal-tools.org/doc/48eac7/).

害人权行为负责的人，并对其予以惩罚；这是一项程序性义务，而非结果性义务。[67]

---

[67] See, for example, *Isayeva v. Russia*, paras. 209–223, see *supra* note 6; *Isayeva, Yusupova and Bazayeva v. Russia*, paras. 201–225, see *supra* note 6; *Bazorkina v. Russia*, paras. 117–119, see *supra* note 38. 联合国法外处决、即审即决或任意处决问题特别报告员在其 2006 年报告中讨论武装冲突和占领时期中的追责问题。参见 Report of the Special Rapporteur on extrajudicial, summary or arbitrary execution, UN Doc. E/CN.4/2006/53, 8 March 2006, paras. 33–43.

军事手册：红十字国际委员会的观点

弗朗索瓦・塞内绍 （François Sénéchaud）[*]

本文从红十字国际委员会的视角出发，回顾了编撰国际人道法和武装冲突法军事手册的经验，探讨了这些手册的实用性以及手册获得认可并被有效使用的必要条件。

17.1. 从历史里程碑来看手册的必要性

1863 年的《利伯法典》被公认为是将战争法编纂成法典的第一次尝试。尽管《利伯法典》的内容在极大程度上反映了彼时规制战争行为的法律和习惯，但声称美国联邦军队严格遵守了这部法典则是言过其实。北方将领谢尔曼将军（General Sherman） 的名言"战争即地狱"已被无数次引用。这样的态度和行为清楚地说明，需要在整个指挥链的每个环节开展关于战争法规则的教育、培训并贯彻这些规则，才能使军队在战场上遵守这些规定。

1864 年最早的一部《日内瓦公约》通过后不久，就有人提出通过军事手册来强化对国际人道法的尊重。伤兵救护国际委员会（ "International Committee for the Relief of Wounded"，1876 年更名为"红十字国际委员会"）主席古斯塔夫・穆瓦尼耶（Gustave Moynier）就此提出了多项建议。后来他称这些建议是为了公约的"通俗化"（vulgarisation），即通过通俗的表达使人们都能理解公约的内容与精神。"通俗化"后来为"传播"（dissemination）一词所取代，如今又加入了"整合"（integration）以作补充。穆瓦尼耶所推崇的"通俗化"措施包括要求医护人员在和平时期也佩戴红十字袖标，从而使作战部队能够熟悉这一袖标，并学会尊重佩戴这一袖标的人。

1871 年普法战争后，人们开始担忧 1864 年《日内瓦公约》的实施情况。尽管人们通常认为，战场上的交战国缺乏对公约的尊重大多由于对公约的无知而非有意为之，但是人们还是对公约的相关性和实用性提出了质疑。古斯塔夫・穆瓦尼耶与奥地利红十字会的蒙迪伯爵

（Count Mundi）在通信中就这一问题进行了争论，而两人在彼时的争论与当今的许多论述仍有相似之处。穆瓦尼耶明确表示，在继续编纂法律之外，还需找到其他增进人们对法律的认识及尊重的途径。

1874 年的布鲁塞尔会议（该会议由俄国沙皇亚历山大二世召集，由欧洲十五国代表参与——校者注）虽产生了《布鲁塞尔宣言》的文本，《宣言》最终因未被全体与会国接受的缘故，未能成为有约束力的公约。国际法学会（Institute of International Law）随后将《布鲁塞尔宣言》[1] 扩展成了 1880 年的《牛津陆战法手册》（The Laws of War on Land）。这部手册旨在成为"各国国内立法的合理基础"。[2] 这部手册致力于为军事人员提供法律帮助，通过明确相关规则从而使他们免于遭受"不确定性带来的痛苦和无休止的指控"。[3] 虽然"主权者不能仅满足于颁布新立法"，但手册至少能够帮助各国政府"使所有人民都理解这些法律"，同时使"那些被军事动员起来的人……被充分灌输牢记那些执行命令本身所附带的特殊的权利和责任"。[4] 为了这个目的，国际法学会将这部手册"以大众化的形式呈现出来，并附加了这种做法的解释，从而使得法律文本在必要时可以很容易被获得。"[5]

在一个世纪之后的 1977 年，各国外交会议通过了《日内瓦四公约》的两个《附加议定书》。该外交会议的决议第 21 条第 4 款重申了各国的义务，并特别规定了红十字国际委员会的职责：

> 积极参与传播有关国际人道法的知识，尤其要通过以下途径：
>
> （1）发布有助于教授国际人道法的材料，为宣传四个《日内瓦四公约》及其《附加议定书》传播适当的信息，

---

[1] Project of the International Declaration Concerning the Laws and Customs of War (1874), printed in Dietrich Schindler and Jiri Toman (eds.), *The Law of Armed Conflicts*, 3rd ed., Martinus Nijhoff Publishers/Henry Dunant Institute, 1988, p. 27 *et seq.*

[2] *The Laws of War on Land*, preface, manual published by the Institute of International Law, 1880, printed in Schindler and Toman (eds.), 1988, p. 36 *et seq.*, see *supra* note 1 ('UK Manual').

[3] *Ibid.*

[4] *Ibid.*

[5] *Ibid.*

（2）自行组织或根据政府或各国红十字会的要求组织关于国际人道法的研讨会与培训课程，并与各国政府和恰当的机构就此目的开展合作。[6]

在接下来的十年里，红十字国际委员会发展出了大量专门的工具来履行这一职责。在这些工具中，弗雷德里克·德·穆里南（Frédéric de Mulinen）所著的《武装部队战争法手册》[7]（本书中将这部手册简称为《德·穆里南手册》——译者注）毫无争议是一座里程碑。这本手册源自作者的亲身经历，他坚信条约和习惯法中的所有规则都需要在彼此的互动中得到教授与解释，而不是被逐一教授或解释。故该手册是"根据军事的方式……进行构思和准备的，并为军事行动和行为提出了建议"，由而使"武装部队可以理解并执行相关的条款"。[8] 从那时起，这本手册就成了红十字国际委员会"战争法教学文件"等诸多工具的基础，并被许多国家的武装部队采用发行。这本手册还是意大利圣雷莫国际人道主义法研究所为教学提供的基础材料。

为了履行其所被赋予的职责，红十字国际委员会还促成了《圣雷莫手册》（San Remo Manual）的编写及其在 1994 年的出版。《圣雷莫手册》旨在对当代可适用于海上武装冲突的国际法予以重述，从而替代了国际法学会于 1913 年推出的《牛津海战法手册》。

1999 年，就在《日内瓦四公约》生效五十周年之时，红十字国际委员会向第二十七届红十字和红新月会国际大会与会国呈交了《示范手册》（Fight It Right: Model Manual on the Law of Armed Conflict for Armed Forces）。《示范手册》旨在供各国政府原样采纳，或是在此基础上予以修订和完善。然而，这部手册并没有取得预想中的成功。因此，红十字国际委员会决定修订《德·穆里南手册》目前修订正在进行中，并刚刚完成了第一阶段的测试和增补条款。手册最终的修订版计划于明年完成。

---

6   Resolution 21 (IV): Dissemination of Knowledge of International Humanitarian Law Applicable in Armed Conflicts, Diplomatic Conference on the Reaffirmation and Development of International Humanitarian Law Applicable in Armed Conflicts, Geneva, 1974–1977, para. 4, printed in Schindler and Toman (eds.), 1988, pp. 728–729, see *supra* note 1.

7   Frédéric de Mulinen, *Handbook on the Law of War for Armed Forces*, International Committee of the Red Cross, 1987.

8   *Ibid.*, p. iv.

与此同时，哈佛大学"人道政策与冲突研究项目"（Program on Humanitarian Policy and Conflict Research）正在红十字国际委员会及一部分专家和政府的支持下，就空战领域的全部规范予以审查。预计到 2008 年底，该项目便会得出研究结论，并制定出一部类似于《圣雷莫手册》的手册。

最后，在总结红十字国际委员会在人道法手册方面的经验时，应当提及委员会代表们在世界各地的工作。除了在国际层面的努力，红十字国际委员会还协助过全球许多国家的武装部队制定人道法手册；其中一些手册还同时结合了适用于军事行动的国际人道法和人权法内容。实际上，就在几个星期前，红十字国际委员还收到了某个国家武装部队希望获得咨询协助的请求。

17.2. 实用性

一部人道法或武装冲突法军事手册是帮助最终执行这些法律的人更好、更容易地理解这些法律的一种极其有效的手段。正如前文所述，人们在现代人道法形成初期便意识到了这种需求。如果说普法战争后人们意识到需要制定国家手册来解释 1864 年的《日内瓦四公约》，而该公约仅含十个言简意赅的条款，无疑我们也需要继续编撰国家手册来解释现有的大量条约和习惯法。

因此，编撰这类手册可以理解为是国家履行传播国际人道法义务的一种手段。[9]

和其他法律一样，国际人道法也包含了一整套一般性的规则，有些规则过于泛化而难以作为实际作战行为的指导。因此，必须对法律进行解释，分析这些规则对军事行动的影响，明确这些规则在各个层级适用后的后果，从而清楚地指导武装部队遵守这些规则。例如，《第一附加议定书》第 51 条和第 57 条规定了比例原则，是要在"附带使平民生命受损失，平民受伤害，平民物体受损害，或三种情形均有"和"预期的具体和直接的军事利益"两项因素之间取得平衡。表面上来看，这项原则足够泛化，故有助于军队在任何情形中适用该原则。然而，为了

---

[9]　1907 年《海牙第四公约》第 1 条，1949 年《日内瓦公约》第 47、48、127、144 条，《第一附加议定书》第 83 条，第 87 条第 2 款，《第二附加议定书》第 19 条，《第三附加议定书》第 7 条，《保护文化财产的海牙公约》第 25 条，《保护文化财产的海牙第二公约》第 30 条都包含有此项义务。

在实践中做出评估并适用比例原则，一国军队必须明确相关岗位上人员的职责。同样，军队也必须明确在决策过程的哪个或哪几个阶段要评估并实现上述两项因素的平衡，例如规定这是任务分析和行动发展环节所要达成的目标，并且确定这种平衡工作所应采取的形式。

与之相应，一部军事手册需排除抽象的概念。更确切地说，军事手册应该将国际规则与武装部队所可能会面对的实际情况联系起来，将国际规则与军事单位的具体环境和能力联系起来。如果一部军事手册中写道："必须采取一切可行的预防措施使平民群体、平民个体和民用物体免受攻击"，尽管这样的表述完全正确，但也仅仅是改述了《第一附加议定书》第57条的规定而已。这样的规定没能告诉武装部队成员他们的国家及军队到底如何理解所谓"可行的"预防措施，也没能告诉武装部队成员在他们执行的任务时以及在他们能力所及的范围内需要采取怎样的具体措施。简而言之，一部手册应该包含符合现实的、实际可用的指导性规定。

在这个方面，《英国手册》的处理方式颇有意思。手册先述及现行的政策，随后解释这些政策的具体要求。例如，关于军事进攻中的所应采取的预防措施，为了使指挥官在选择攻击目标时能遵守有关法律义务——即"采取一切可行的措施以确保拟定的攻击目标不属于受保护对象"。手册列出了一个检查表供指挥官们参考：[10]

1. 指挥官是否能够亲自确认目标；
2. 来自上级指挥机关关于不得进攻哪些目标的指令；
3. 来自情报报告、空中或卫星侦查照片以及指挥官所掌握的其他有关拟定目标的性质的所有信息；
4. 来自上级指挥机构且对指挥官具有约束力的交战规则；
5. 目标核实工作会给己方部队带来的风险。[11]

同理，关于可以使用的攻击方法或手段，这部手册也列出了需要考虑的因素：

1. 目标的重要性和情况的紧急性；
2. 关于拟定目标的情报——该情报目前或是将来会被用于什么目的，以及在何时会被使用；
3. 目标本身的特征，例如，某个目标建筑中有否含有危险的武器；

---

[10] UK Manual, §5.32.2, p. 82, see *supra* note 2 (footnotes omitted).
[11] *Ibid.*

4. 可以使用的武器，以及武器的射程、精准度和有效半径；
5. 影响打击精确度的因素，如地形、气候和时间；
6. 影响附带伤亡或损失的因素，例如，目标周遭的平民和民用物体的临近程度，是否存在其他受保护的物体或区域，对目标发动攻击后是否可能会导致有害物质泄漏等情况；
7. 己方部队在各自可选方案下所承担的风险。[12]

有人可能会质疑，国际人道法手册是否是提供法律解释并引导军队尊重法律的最佳工具？有人认为，应直接将国际人道法融入已有的战地手册中（比如那些关于军事决策程序和组织人事的手册），从而确保决策和命令的合法性。尽管这样的方法看上去更加直接，因而也显得是一种更可取的方案，我们仍可提出很多理由支持制定单独的国际人道法手册。首先，一些武装部队并没有全面、完善的条令系统。他们因此要么遵循一些不成文的标准和原则来指导在战略、战役和战术层面的行动，要么诉诸国外的战地手册。此时，一部国际人道法手册就是一个很有用的备选项。即便武装部队的条令系统已经很完善，一部国际人道法手册依然是有用的，这里至少可以提出两个理由。其一，在那些能够确保遵守人道法的措施被纳入不同类型的手册之前，国际人道法手册可以将所有这些措施整合在一起，使这一过程更显完善。其二，国际人道法手册不仅为法律顾问，而且还为指挥官及其参谋人员提供便利简洁的参考。

17.3. 使手册得到接受并被有效使用的条件

然而，只是出版一部国际人道法手册本身是不够的。和其他工具一样，如果手册没有得到接受，没有经常被使用，也没有人参考的话，它的作用也会大打折扣。实践证明，让人们接受一部手册并有效使用它，尤其是除了法律顾问以外的其他人，有很多决定性的条件。手册除了需要清楚的指导意见之外，还需要满足另外两个主要条件。一方面，手册必须是一国政府或领导人对遵守法律的郑重承诺。另一方面，武装部队必须视手册为自己的"一部分"，也就是说，必须对一部手册产生主人翁式的认同感（ownership）。

正如前文所述，一部成功的国际人道法手册的先决条件是它能够向使用者提供对法律的解释，并引导使用者遵守法律。这里需要解决两

---

[12] *Ibid.*, §5.32.4, pp. 83–84.

个问题，第一，手册必须能够让使用者理解，但同时对法律的简化也不至于影响法律规则的准确性。第二，手册必须以使用者熟悉的方式编撰和行文。如果武装部队的成员对手册中的措辞很熟悉，他们更可能会接受手册中的观点。《德·穆里南手册》的成功便可以被归因于其内容符合上述标准。《德·穆里南手册》用军事逻辑和术语来阐释法律，因此它更容易被武装部队成员所理解，使其得以为各国武装部队在内部采用。此外，该手册提供的是一般性的解释，而未细化到某个某个国家政府对法律的解释。这意味着它不需要像起草国家军事手册的委员会那样涉及过多的细节。其实，穆里南在撰写手册时的一个假定是，各国会对既有的人道法条约作完整的批准，不对其再做额外的保留或是单独的解释；因此，他也未将各国的立法纳入考量。可以说，随着时间的推移，这种一般性著作最初的弱点逐渐变成了它的主要优势，尤其在《日内瓦四公约》获得了全面的接受、而且更多的国家批准了 1977 年的两部《附加议定书》之后更是如此。

《西班牙手册》[13] 便证明了《德·穆里南手册》的成功。它沿袭了《德·穆里南手册》的结构，并确定了营级以及营以上级别参谋岗位的职责。与此同时，这部手册也兼顾了西班牙的特殊性和现实情况。

推动采用国家手册的动机同样对人道法手册的最终成功十分关键。上至武装部队领导人，下至各层级指挥官都应当真诚地承诺实施国际人道法。一支军队认识到自己需要一部手册，一支军队对起草和编撰手册的过程产生了主人翁式的认同感，一支军队为手册编纂分配必要的物质、智力和财力资源，一支军队的最高层级指挥官在手册序言中明确提出需要了解并遵守手册中包含的法律框架等等，所有这些因素都可以表明这支军队的承诺是真诚的。例如，塞拉利昂共和国武装部队的《国际人道法行为准则》由其国防参谋长作序，要求"所有的部队阅读并消化这本小册子中的内容，并把国际人道法原则付诸实践"。

采纳一部军事手册不能仅仅以政治或宣传考虑为主导。否则，这部手册就成了为制定手册而制定的手册，手册也会像其旨在提供解释的法律文本那样被束之高阁。如果一国武装部队原封不动地采纳一部外国的手册，如《德·穆里南手册》，那么这个国家武装部队编撰手册的诚意就会受到怀疑。

---

[13]　Spain, *Orientaciones. El Derecho de los Conflictos Armados*, Publication OR7-004, approved by the Army General Staff, Operations Division, 18 March 1996.

最后，决定人们是否接受手册以及是否能够有效使用手册的重要因素还有手册的形式。一部手册可以提供相关的解释和指导性意见，并反映一国政府和领导人对遵守法律的郑重承诺。然而，如果使用手册的武装部队对手册没有主人翁式的认同感，或者不认为手册是自己的"一部分"，手册也起不到什么作用。

实践证明，如果武装冲突法手册被用作战地手册，并成为军队条令系统的一部分，那么这支军队就会对手册产生更强烈的认同感。同样，《西班牙手册》还是一个典型例子。《西班牙手册》是一部陆军战地手册，在各方面和其他同类战地手册一样。这部手册是由陆军总参谋部作战部制定、由总参谋长批准作为部队内部使用的手册，这部手册的结构反映了西班牙军事决策的程序，有利于各级军官迅速参考并理解手册。

作为一项政策，红十字国际委员会不允许各国武装部队在其军事手册上印上红十字国际委员会的名称或标志，尽管在编撰手册过程中红十字国际委员会曾予以合作及协助。这一政策反映了红十字国际委员会希望强化武装部队对军事手册认同感的意图。这方面例子包括由《德·穆里南手册》改编而来的墨西哥《武装冲突法手册》，以及塔吉克斯坦武装部队制定的武装冲突法训练手册。

17.4. 结论

国际人道法手册毫无疑问是有用的，而支持采用国际人道法手册的论述可被追溯到人道法的肇始。然而，手册需要满足多个条件才能被人们接受并发挥效力。手册必须提供对法律的解释和对遵守法律的清晰的指导性意见。为了达到这一目的，手册必须将武装部队所处的实际情况、背景及其各自部队单位的能力考虑进来。部队指挥序列的每一层级都必须对理解并遵守法律作出郑重承诺。最后，手册必须采取合适的形式，以确保能够被部队接受。

南非的《武装冲突法手册》等有关国际人道法手册的经验表明，不应该仅仅孤立地看待出版手册这件事。出版手册仅仅是条令系统为确保遵守法律提供措施、机制和方法的整个程序中的一个环节。此外，还需通过教育来传递有关的理论知识，借助培训来提供有关实际操作的实践经验。最后，还必须建立一个有效的制裁机制，在出现违法行为时能够执行法律。

18

———

讨论纪要

报告人：埃里卡·埃琳*

威廉·芬瑞克就将人权规则融入军事手册的可操作性问题表达了怀疑。他认为，尽管人权规则很重要，但它有易变的问题。人权规则是否通用到足以被纳入军事手册的某一章中？或者说，由于人权法的适用性高度依赖具体情势，以至于人权规则需要的是一部单独的军事手册？

芬瑞克告诫《德·穆里南手册》未必可以取代例如《英国手册》在内的国家手册。《德·穆里南手册》更像是是一部检查清单汇编，而非解释法律的书籍。

迭特·弗莱克提出的问题是，与会者是否能够就如何处理国家的特殊性问题向参与多国行动的国家政府提出一些建议。人身保护令是近期欧洲人权法院所处理的热点问题之一。与会者是否认同，在冲突之后参与维护和平行动的武装部队，可以在不经法官同意的情况下拘捕个人？是否能将军事手册加以修订，使其能被执法部队所用，并确保他们尊重人权法？

安东尼·P·V·罗杰斯提出了有关被占领土的问题。他的问题是，一国对某一领土进行军事占领是否等同于该国对此领土实现了"有效控制"，因而要求人权法也适用于此被占领领土？《英国手册》提到了"班科维奇案"（Banković case）[1]，而根据欧洲人权法院的这个案例，人权法在被占领土的情形中的确有可能适用，但需要结合具体情形。英国上议院借助一套巧妙的措辞就人权法在"被占领的"领土中的适用问题做出了裁决。上议院回避了伊拉克战争结束后英国是否有义务在其

---

* 艾瑞卡·埃琳（Erika Ellyne）是在奥斯陆大学法学院的硕士交换生。

[1] European Court of Human Rights, *Banković v. Belgium*, Admissibility, Judgement, 12 December 2001, Application no. 52207/99 (https://www.legal-tools.org/doc/c18845/), quoted in *The Laws of War on Land*, §11.19, p. 282, manual published by the Institute of International Law, 1880, printed in Dietrich Schindler and Jiri Toman (eds.), *The Law of Armed Conflicts*, 3rd ed., Martinus Nijhoff Publishers/Henry Dunant Institute, 1988, p. 36 et seq.

占领的伊拉克城市巴士拉（Basra）适用人权法的问题。军事占领不一定就等同于实际控制。欧洲人权法院对此问题的看法或许很值得参考。

作为红十字国际委员会的《示范手册》合著者之一的罗杰斯认为，尽管手册的效果令人失望，他仍认为该项目有被挽救的价值，并有助于编纂其他手册的准备工作。这部手册直到最后一刻方定稿，故也受到诸多作者意见不统一的负面影响。

瓦西里卡·桑辛（Vasilka Sancin）[2] 指出，好像所有人都赞成将个人刑事责任融入军事手册。那么，国家责任是否应在手册中有一席之地，它的篇幅由应该是多少？国家责任是否与国家履行《日内瓦四公约》的共同第一条下的义务有关？

路易斯·多斯瓦尔德-贝克承认，从全球视角出发讨论人权规则，有别于讨论人权规则对某一国家或某一国家间组织的适用性。即便如此，军事手册仍应提及人权法和人权条约。并非所有国家都批准了同样的人权条约，因此并非所有国家都承担相同的人权法义务，这就导致情况复杂化。此次会议中我们已经展望了多国联合行动时所要面对的相似问题，以及在此类情形中应如何组织手册内容的问题。如果只是一个国家单独行动的话，在手册中援引本国的人权法义务是相对简单的；如果几个国家承担同样的人权法义务，也不会出现任何困难。既然所有的北欧国家可能都是《欧洲人权公约》的缔约国（丹麦，瑞典，挪威，芬兰和冰岛均为《欧洲人权公约》的缔约国，然而芬兰与挪威均就公约作出部分保留——校者注），则一部可能的共同手册应至少加入这部公约的规则。

多斯瓦尔德-贝克认为，军事手册旨在帮助最高层级的指挥官熟悉作战行动中必须注意的规则。最高层级的指挥官既有能力也有必要了解人权规则。否则，那些诚实守信的指挥官也会在不经意间违反人权法。将人权法纳入供权力高层使用的军事手册，可以保障他们制定的交战规则也能符合人权法的规定。

在多斯瓦尔德-贝克看来，在军事手册中写入像是获得独立法庭公正审判的权利在内的一般性权利（generic rights），是可行的。然而，必须注意的是，人权规则的适用取决于对"有效控制"这个概念的理解。

---

[2] 瓦西里卡·桑辛是斯洛文尼亚卢布尔雅那大学法学博士，并在该校任教。她参与了一项由斯洛文尼亚国防部支持的项目"对理解武装冲突国际法和国际人道法要求的分析以及对斯洛文尼亚武装力量手册的阐述"。

那么问题就是："占领"是否等同于"有效控制"？"班科维奇案"（Banković case）引发了关于有效控制的讨论，但仅仅限于空袭下是否构成效控制问题。因此，我们更应该研究欧洲人权法院的"塞浦路斯诉土耳其"。[3] 在此案件中，40000 名土耳其士兵占领了塞浦路斯的一片领土；当地政府虽享有一定的自治权，但在绝大部分情况中都处于土耳其的控制之下，故法院认为土耳其行使了"有效控制"。这便有别于"伊萨案"（Issa case）"[4]，彼案中土耳其军队在伊拉克北部的与敌方对同一片地区进行争夺，因此法院判决"有效控制"并不存在。因为军事行动尚在进行之中，故法院无法得出有效控制存在的确定结论。

多斯瓦尔德-贝克指出人身保护令对维和部队也有约束力。迄今为止，美洲人权法院和美洲国家间人权委员会均不允许对获得人身保护令的权利进行克减。欧洲人权法院已经认可了用类似独立法庭的机构代替传统法官的做法。如果我们可以引入外国法官来解决《日内瓦第三公约》第 5 条有关的争端（即由"主管法庭决定"当事人是否属于"其是否属于第四条所列举各类人员"），那么为什么不能设立一个独立的机构去解决有关人身保护令的问题呢？在"爱尔兰诉英国案"中[5]，欧洲人权法院认为设置此类独立机构乃是国家义务的底线。

多斯瓦尔德-贝克还认为，《日内瓦四公约》共同第一条中规定的国家责任问题取决于第三国是否参与交战。

威廉·布斯比提醒道，尽管有时需要咨询其他国家，但一个国家的手册必须表达本国对某一事件或法律问题的立场和解释。在一国适用人权法和履行该国义务遇到困难时，该国必须明确其立场。

布斯比强调，在一些可以适用国际人权法的情形中，人道法仍应优先适用。这当然要取决于具体情形中的具体事实。制定一部实用性强的手册非常重要，只有这样手册才有可能被真正落实。

弗朗索瓦·塞内绍同意《德·穆里南手册》与《英国手册》不具可比性的观点。这不仅是由于前者试图从严格的国际角度解释国际人

---

3   European Court of Human Rights, *Cyprus v. Turkey*, Judgement, 10 May 2001, Application no. 25781/94 (https://www.legal-tools.org/doc/3ea72b/).

4   European Court of Human Rights, *Issa v. Turkey*, Merits, Judgement, 16 November 2004, Application no. 31821/96, para. 74 (https://www.legal-tools.org/doc/3613b5/).

5   European Court of Human Rights, *Ireland v. United Kingdom*, Judgement, 18 January 1978, Application no. 5310/71 (https://www.legal-tools.org/doc/f65137/).

道法所规定的义务，而且因为这些国际义务以及国际人道法本身在国际环境下已经发生了深远的变化。《英国手册》则不同，它是专门从本国的视角看待国际人道法所规定的义务，并将这些规则发展得更加详细。这不妨碍《德·穆里南手册》依然应被视为是国际人道法手册编撰的一个里程碑，并且是红十字国际委员会在全球传播国际人道法、实现其与各国武装部队整合的中流砥柱。因此，目前红十字国际委员会正在对这一重要文件进行审查和修订。

塞内绍承认红十字国际委员会的《示范手册》存在缺陷。手册的准备过程过于匆忙。而且这部手册又十分荒谬地造成了事与愿违的后果，例如某国政府错误地引用了这部手册来为自己将平民作为攻击目标的行为开脱。从那时起，红十字国际委员会就一直将此文本搁置。当然，红十字国际委员会依旧欢迎所有国家使用这部手册。

最后，塞内绍注意到红十字国际委员会从 1995 年和 1996 年开始与巴西警方在执法和人权方面开展合作，同时还与军方开展咨询合作。拉丁美洲大多数武装部队现在都没有，以后也不会参与到国际人道法概念里的国际武装冲突或者非国际武装冲突中去，然而，他们往往要参与国内的执法活动。因此，很多专家都在这一领域内积极活动。

主题四：如何编撰一部北欧国家通用军事手册

19

开场致辞

欧维·博瑞 （Ove Bring）[*]

接下来我们将进入到一个困难的议题：如何编撰一部北欧国家通用军事手册。

首先我想要强调的是，近些年来一些北欧国家的确在国际人道法领域进行了富有成效的合作，但这些合作都是临时的或是关于特定事项的。瑞典于 1978 年批准了《第一附加议定书》，瑞典为对有关法律予以有效的重述专门设立了国际人道法委员会，这个委员会已经运行了很长一段时间。在这段时间内，我们造访了奥斯陆、赫尔辛基、哥本哈根和伯尔尼，与不同国家的政府接洽，并到日内瓦与红十字国际委员会进行会谈。1984 年我们出版了一部报告，对《第一附加议定书》通过后国际人道法领域生成的新规则予以重述。这一报告的英文删减版不久后即问世。

瑞典与其它北欧邻国在此问题上的合作属于非正式的性质。瑞典的北欧邻国都有专门的国际人道法工作组或者委员会，我们与其外交部以及国防部取得联系并了解情况。

在这一时期，北欧国家也出版了一些有关国际人道法的教科书，而不是军事手册。在挪威，曾是 1977 年日内瓦公约外交会议代表的莫滕·鲁德（Morten Ruud）于 1980 年出版了一部国际人道法教材。阿尔内·维利·达尔 （Arne Willy Dahl） 最近也推出了他所编纂的手册的第二版。在芬兰，芬兰红十字会的贡纳尔·罗森（Gunnar Rosén）出版了一部类似的册子。在瑞典，陶吉尔·伍夫（Torgil Wulff）出版了一部国际人道法手册，他在外交会议期间曾在武器委员会工作过。他过世之后，我们在瑞典国家国防学校继续了他的工作并出版了这本书的新版本。最后，瑞典国防部法律顾问兼瑞典国际人道法委员会主席卡尔-伊瓦·斯卡斯泰德（Carl-Ivar Skarstedt）是 1984 年委员会报告的主要作者。

---

[*]　欧夫·博瑞是瑞典国防学院国际法教授。

　　这一进程已经进行了好几年。北欧各国之间就此问题已经搭建起起了联系网络，但是目前仍是非正式性的。我们当时尚未想过要编撰一部北欧国家通用军事手册，因为这个目标可能过分宏大了。到目前为止，编撰一部北欧国家通用军事手册仍然是一个非常新颖的想法，是我在准备此次会议期间才第一次听闻的。

20

编撰一部北欧国家军事手册利弊谈

戈兰·梅兰德 （Göran Melander）[*]
报告人 玛利亚·贝尔格兰·阿斯 （Maria Bergam Aas）

戈兰·梅兰德注意到，红十字国际委员会编辑的《习惯国际人道法》中列举了 52 个国家的军事手册。正如会议此前讨论的那样，给军事手册下一个确切的定义是很困难的，故此处的数目是基于上述文本确实构成手册的前提。军事手册既可以是对国际人道法的重述，也可以是一种前瞻性的文本。在这个问题上，梅兰德同意欧维·博瑞的观点，即一部北欧国家通用手册应当是体现了国际法发展的、具有前瞻性的手册，而且军事手册在教育培训武装部队成员方面发挥着重要作用。当然除此以外，有些军事手册还具有许多其他各不相同的性质。

梅兰德列举了支持编撰一部北欧国家通用军事手册的理由：

– 北欧五国几乎都已批准国际人道法领域同一批国际条约。北欧五国被公认为是和平的支持者与人权卫士。从某个角度来看，北欧国家至今还没有一部军事手册这个事实应让这些国家略感难堪。

– 编纂一部北欧国家通用手册会是一个不错的财政方案。通过合作，北欧各国国防部均能节省资源。

– 北欧各国国防体系的利益彼此接近。北欧国家很可能不会参与到战争中去。但是，北欧国家常规性地参加各种各样的维和行动。

– 还有实施国际人道法的问题。在北欧国家中，瑞典是唯一一个在条约法问题上奉行二元论的国家，其他北欧国家都采用一元论。如果编撰一部通用军事手册，则或许会迫使瑞典恰当地适用国际人道法。这或许也是支持编撰一部联合军事手册的理由之一。从另一方面看，国家间实施条约法的方式差异也可以作为反对编撰一部通用军事手册的理由。

---

[*] 戈瑞·梅兰德是罗尔·瓦伦堡人权与人道法研究所的创始人及前主任，隆德大学法学院国际公法荣休教授。

- 为了编撰一部通用军事手册所需进行的磋商研讨有可能会进一步强化北欧国家间的联系。

梅兰德进而继续讨论了反对编撰一部北欧国家通用军事手册的论点：

- 北欧国家各自有不同的利益，在安全政策方面更是如此。挪威和丹麦是北约成员国，而瑞典和芬兰则不是。这带来的问题是，对于挪威和丹麦来说，创设一部北约通用军事手册是一种符合逻辑的做法，然而这样做显然并不现实。

- 民族自豪感可能会成为编撰一部北欧通用军事手册的障碍。

- 在国际人道法领域，北欧国家所担负的条约义务有些许不同之处。就梅兰德所知，芬兰还没有批准《渥太华禁雷公约》，而其他北欧国家都批准了。同时，芬兰是北欧国家中唯一一个批准了 1954 年《保护文化财产的海牙公约》的《附加议定书》的国家。

- 与会者们还讨论了英国、加拿大和德国的军事手册可能会给一部北欧通用军事手册带来的影响。一些人认为应当尽量借鉴和利用这些现成的军事手册。版权问题虽然值得注意，但肯定存在某种翻译并传播这些现成手册的方式。毕竟，这是一种耗资最少的做法。

- 另一个问题是，通用军事手册问世后，可能会反过来干扰人们对真正执行人道法的重要性的认知。梅兰德将实施国际人道法与实施人权法做了对比。截止 1980 年代，在国际层面形成了许多法律准则、条约和规则，但是这些法律规则的实施问题却完全被忽视了。直到 20 世纪 90 年代有关实施的问题才成为热点。同样的问题也有可能在国际人道法和军事手册的语境下出现。起草或者制定一部军事手册本身并不是目的，探索和发展出一套实施国际人道法的体系亦十分重要。每一位战斗员都很清楚个人责任原则。在前南斯拉夫内战后，只有那些最严重的违法者才遭到起诉和审判。在国内法庭上起诉和审判较低层级的武装部队成员的案例少之又少。在瑞典，至少有十五名来自前南斯拉夫的人员获得了难民身份，而这是因为他们在战争期间对他人实施过酷刑，因而无法返回家园。这是完全无法令人接受的事情，这些人本应该被起诉和惩罚。有数百名像他们一样的犯罪者如今都在其他国家定居，并在很大程度上被免去了惩罚。这种情况在未来应当得到纠正。

21

讨论纪要

报告人 莉迪亚·图久巴·阿托木萨 （Lydia Tujuba Atomssa）
玛丽亚玛·科荣纳 （Mariamah Crona） *

欧维·博瑞指出，他认为北欧国家武装部队都对能够指导战场行动的指南有实际需求，无论这些部队是被部署在阿富汗，达尔富尔还是刚果。在上述地区的军事行动中，维和部队需要面临的问题包括对有关人员实施拘禁，在有些情况下还要将被拘留人移送给其他主体。在瑞典，士兵频繁就如何处置此类情况提出咨询请求。瑞典和挪威计划在不久的将来在达尔富尔共同部署一个工程兵部队，而这正反映了此类法律问题在当前对北欧国家而言是多么重要。最好能编撰一部可以作为指南来使用的军事手册，其中既涉及国际人道法的问题，也涉及人权法的问题。北欧国家在这方面的合作前景良好。鉴于瑞典与芬兰业已表达了与北约国家合作的意愿，这种意愿应可以被轻易用于北欧国家之间的合作。

查尔斯·盖瑞威强调，在决定编撰一部军事手册前，对手册的核心术语予以界定意义重大。"手册"和"国际人道法"这两个术语都要界定。首先要回答的问题就是："编撰一部军事手册的目的究竟是什么？"到目前为止，对于为北欧国家编撰的这部军事手册的讨论，多是围绕冲突之后的和平支持行动展开的，而不是强制执行和平行动。然而，必须要注意的是，虽然冲突后的行动指南很有用，但是国际人道法是规范武装冲突的法律，而不是规范维和行动的法律。当我们想要编撰一部规范冲突后行动的手册，而不是规范和平执行行动的手册时，我们应坚持两者间的区别，因为冲突后的军事行动往往不涉及国际人道法的问题。因此首先需要明确编撰设计这样一部手册的目的，然后再去确定手册的名称是什么。

盖瑞威注意到现在各国越来越多地用刑法作为执行国际人道法的工具，就此他表达了他的担忧。唯有当违反国际人道法的行为是打破

---

* 莉迪亚·图久巴·阿托木萨是奥斯陆大学法学院研究生；玛丽亚玛·科荣纳是挪威人权中心助理研究员。

常规的偶然事件时，使用刑法来制裁那些违反国际人道法的行为才是合适的。但是当国际人道法从总体上面临威胁的时候，仅仅依靠刑法就无法解决问题，因此需要寻找这以外的解决方案。虽然我们应当从更广阔的视角出发去思考国际人道法缺乏执行机制的问题，但是这一问题本身并不一定与军事手册有直接关系。这里的主要问题是，基于上述考虑，北欧国家是否还是想要一部军事手册。

威廉·芬瑞克的第一个评论涉及《德·穆里南手册》。假如北欧国家想要采用一部与之类似的手册，则需注意《德·穆里南手册》并不是一部真正的武装冲突法手册；武装冲突法手册应是关于如何实施法律规则。

芬瑞克的第二个评论强调军事手册的内容应当限于国际人道法。北欧国家没有必要在其军事手册中涉及诉诸战争权的问题。同时，当前有一种趋势，即将国际武装冲突法与适用于非国际性武装冲突的法律融合的趋势。目前许多冲突实际上都是非国际性武装冲突，鉴于这种事实情况，如果北欧国家想要编撰一部军事手册，就要确定是否需要将规范国际性武装冲突的规范自动适用于其部署在世界上任何地区的武装部队。

芬瑞克的第三个评论讨论了国际刑法和国际人道法的联系。毫无疑问，两者之间具有一些联系，但是它们之间的联系具体是什么仍不十分清楚。总体来说，国际人道法是一部预防性法律。它存在的目的并非是为刑事诉讼提供法律基础，而是为了在第一时间预防和制止受保护人员的伤亡而制定的，这一点需要强调。北欧国家通用军事手册中到底包含哪些内容需要由北欧国家自己决定，也只有他们自己才能决定。哪怕如此，北欧国家不应该简单地将别国的军事手册拿来，而应该共同参与到准备和编撰这样一部军事手册中去，这或许才是更好的做法。

迭特·弗莱克就如何定义武装冲突法军事手册的讨论进行了总结。第一，军事手册可以是对现有规则的重述。第二，军事手册可以是反映其国家政策和国家利益的一种具有进步性或创新性的文件。因此，通用军事手册可以体现北欧国家在实施国际人道法和人权法方面的创新，并成为将法治适用融入军事行动的新实践。第三，军事手册可以是一种武装部队需要的训练工具，例如为达尔富尔行动提供的行动指南。从红十字国际委员会编纂《德·穆里南手册》和 1999 年的《示范手册》的经验来看，尤其是结合红十字会认为有必要推出第二版《示范手册》的事实来看，编纂手册乃是一项极其复杂的工程。现在，北欧国家或许认为自己处于一种艰难境地，因为除了诸如阿富汗这样的复杂情况以外，他们不应轻易卷入武装敌对行动中去。北欧国家可以通过编撰一部军事手册来传达自己有关国际和平行动的新观点和主张。

弗莱克强调国际合作贯穿了《德国手册》起草编撰过程的始终。德国当时有理由邀请包括北欧国家在内的一些盟国和友邦，甚至苏联，来为其起草过程提供意见。由于彼时"铁幕"尚在，起草手册的目的就是想要使"铁幕"两侧的两个阵营都适用同样的法律。德国为了编撰军事手册求助请教了很多其他国家的专家，也包括那些不属于北约组织的国家的专家。

弗莱克认为，《德国手册》对北欧国家来说或许是一个良好的范例。这是因为德国已经批准了当时所有主要的人道法条约，那些没有被批准的条约也已进入批准程序中。德国虽然在其手册中作出了一些解释性阐述，但这些解释并不构成对其加入的条约的保留；这些解释亦未招致其他国家的负面反应。

弗莱克认为，在实践中采用多国总部机关制是一种不错的选择。北欧国家还可以将波罗的海南岸的一些国家纳入进来。例如，现有的一个丹麦-波兰-德国联合总部便获得了其他国家的支持。德国-荷兰军事一体化程度已经发展得很高了，这一进程还得到了挪威法律顾问的协助。北约存在的事实要求多国间的合作。

弗莱克还认为，假如北欧国家仍旧认为一部军事手册应该重点关注严格意义上的国际人道法的内容，那么他们应当认真审视现实，例如在达尔富尔的行动以及阿富汗的武装冲突。一部北欧国家通用军事手册应当包括所有必要的法律规则，并且反映出多国间的合作。

阿尔内·维利·达尔认为，如果北欧国家间差异过大的话，是无法编撰出一部供北欧国家使用的通用军事手册的。现在或许还没有办法判断北欧国家之间的差异到底有多大。虽然北欧各国对于《第一附加议定书》只有个别的保留，但是一些诸如比例原则这样的更为复杂的问题同样会在北欧国家之间造成相当程度的意见分歧。尽管如此，我们有足够的理由去思考编纂一部北欧通用军事手册的努力会究竟会产生怎样的结果；或许最后的结果，还是北欧各国自行编纂本国的军事手册。为编撰这样一部通用手册所进行的谈判磋商将会对所有参加国都有益处，能够在这一问题上深化各方的理解和共识。

麦格尼·弗洛斯塔德（Magne Frostad）[1] 谈到了自己作为挪威法律顾问参与在阿富汗的两次军事行动的经历。他认为，即便是最后无法编撰一部北欧国家军事手册，挪威也应该开始编撰一部属于自己的战争法以及相关领域法律问题的手册。

弗洛斯塔德认为，如果北欧国家将在苏丹部署士兵，他们就需要将各自的观点和立场协调一致。因此弗洛斯塔德同意达尔的观点，即比起最后编撰出一部通用手册来，启动一项能够检验和协调北欧国家各方之间观点差异的活动或许更重要。

理查德·布伦南（Richard Brennan）[2] 同意盖瑞威的观点，即关键问题是要讨论出北欧国家到底需要一部怎样的军事手册。爱尔兰和北欧国家一样，有着频繁参加支持和平行动和维和行动的传统。

布伦南还提出了人权法和国际人道法之间的相互作用。手册必须明确"人权义务和武装冲突法义务之间的两分"，这两者之间是有着明显的区别的。一部国家军事手册最终的目的是传播人道法的知识，故在整个编撰过程中都要明确两者之间的区别。混淆这两个法律领域会影响到制定作战行动计划。

布伦南介绍了自己近期在乍得的经历，他亲历了在实地环境下关于拘留问题的讨论，而这个事例恰恰支持了他前述的观点。他认为假如各方很清楚自己处于人道法和人权法两者之间界限的哪一边的话，那么也就不会发生那样的争论了。如果在这个问题上没有清晰的判断，也会影响到人道法的传播工作，进而影响到在战场上法律适用军事行动的一致性。

汤姆·史泰博提醒人们注意以下一种危险：即多国联合行动可能产生的诸多行动层面的障碍，致使各种例外性声明（caveats）被额外添加到交战规则中。编撰一部通用军事手册在实践中真的能够减少甚至消除联合军事行动可能面临的障碍及有关的例外性声明吗？

芬瑞克认为，交战规则主要关涉在自卫情形中使用武力的问题。但在持续时间很久的战争期间使用武力一般来说也采取类似的交战规则。仅就自卫这一问题来看，一些国家比另一些国家有着更严格的要求，如要求对方具有敌对意图等等。这便意味着即便有关国家负有相同

---

[1]　麦格尼·弗洛斯塔德是挪威特罗姆瑟大学副教授。
[2]　理查德·布伦南是爱尔兰国防军中校及法律顾问。

的条约义务，它们之间也不一定能使自卫作战相关的交战规则统一化。编撰一部通用军事手册将会对除了自卫作战之外的其他情况有所助益。

弗莱克建议一部军事手册对在和平行动中严格适用人身保护令的要求作出解释。如果军事手册做到这一点的话，对于一个国家来说在部署武装部队的同时若没有同时派出军事警察以及法官，则会面临很多问题。因此，军事手册就会成为减少一个国家附加限制的很好的工具。

盖瑞威指出，手册中的例外性声明往往与保护财产的军事行动有关。这方面的军事行动既受国内法也受国际法规制。在武装冲突的情况下，有关保护财产的规定相对清晰。然而在一些灰色区域中，英国究竟是适用国内法、人权法还是武装冲突法并不是很清楚，故手册需要就此提出例外性声明。

芬瑞克对此又做了进一步补充，提到在联合国授权武装部队部署，然而该授权本身又缺乏明晰性时，情况也会十分复杂。联合国在授权部署武装部队时就武装部队何时可以使用武力作详细的规划本是十分可行的。但在最近一段时间里，联合国授权的内容总是高度的模棱两可。例如，一种理想的做法是由联合国安理会通过决议授权部署在波斯尼亚和黑塞哥维那的执行波黑和平协议部队（IFOR）和北约驻波黑多国稳定部队（SFOR）逮捕以及拘留前南斯拉夫国际刑事法庭被告人。遗憾的是，因为有关各方当局无法就此问题达成一致，相关的授权决议就此问题的表述极度语焉不详。之所以出现一些例外性声明，主要是因为原始授权决议中含糊不清的规定。

马林·格林希尔（Malin Greenhill）[3] 提出的问题是，北欧国家的作战部队依据授权实施军事行动的法律基础是什么。塞西莉亚·黑尔曼（Cecilia Hellman）[4] 回应认为，当瑞典国防部在考虑采取怎样的立场时，会考虑两个重要的问题，第一个是如何定义自卫，第二个是如何定义人权义务。瑞典的作战部队从 2008 年 1 月 1 日开始处于待命状态，或许到 2011 年还会再次处于待命状态。这种长期的合作或许对于编撰一部北欧国家通用军事手册来说是一种动力。

汉斯-彼得·盖瑟认为，如果所有的人都认为面临的事情太复杂，有太多的问题需要解决，因而都没有去尝试的话，将是一件很遗憾的事

---

[3]　马林·格林希尔是瑞士红十字会法律顾问。
[4]　塞西莉亚·黑尔曼是瑞士国防部法律顾问。

情。例如，关于国际性与非国际性武装冲突的规则相融合的问题，即便不是所有人都同意在塞拉利昂的情况应当适用有关战俘的规则，但是平民应当免于攻击规则是公认的。禁止攻击平民的规则既适用于国际性武装冲突也适用于非国际性武装冲突。直接参加敌对行动的问题以及对待被拘留者的问题也是一样的。国际性与非国际性武装冲突相融合或者不融合的问题不应当是无法解决的。至少，畅所欲言并且将一些我们大家关心的问题写入军事手册中是有可能的。

亚妮·雷诺（Jani Leino）[5] 认为芬兰应该有自己的军事手册。从今天的讨论来看，一部北欧国家通用的军事手册或许会主要规定有关维和行动的问题。将来的军事手册无论是对一些复杂的政策问题的重述，还是对作战问题的实践性指南，都会反映出法律在实践中得以有效实施的重要性。

芬瑞克回应道，他认为一部通用军事手册所覆盖的内容不需要仅仅限于北欧国家最有可能参与的维和军事行动。近年来，北欧国家并未参与任何武装冲突这一事实本身并不能说明不需要编撰一部武装冲突法手册。一个国家拥有武装部队是因为在将来有可能会陷入武装冲突之中。因为在武装冲突中一国的武装部队必须要遵守一系列的义务，该国应当在武装冲突发生之前就对武装部队予以相应的训练，所以应当有一部武装冲突法手册。编撰手册前先要确定一个适当的框架结构。虽然从历史传统来看，加拿大不太会卷入持久的敌对行动，但是这个国家确实在阿富汗损失了 74 人。

达瑞·斯图尔特（Darren Stewart）认为，从更宽泛的意义来看，无论是北欧单个国家的立场，还是作为整体的北欧国家的共同观点都很重要。在这个问题上，任何为协调北欧国家的立场观点而作出的努力都不是白费的，但是今天在这里讨论的一些观点太超前了。有些做法或许更适合通过国家政策来施行，而不是通过一部军事手册或者军事行动手册来施行。想要在四个或五个国家共同合作的基础上落实这些想法或许过于理想化了。无论如何，不管是北欧国家单独表达出来的观点还是北欧国家共同协商后对外阐述的立场，都是他们的盟国会想要了解的内容。

戈兰·梅兰德认为今天讨论的话题之一，即在维和行动中适用人权法属于是一个全新的问题。这是人们还不清楚的问题，因为目前相关

---

[5]　亚妮·雷诺是芬兰红十字会法律顾问。

的规则暂时还模糊不清。在维和行动中，执行警察职能的军事人员所遵从的那套行为规则，与一般警察的职责规范是不同的。例如，后者在暴乱中有权使用催泪瓦斯，但是前者则被禁止使用催泪瓦斯。各个国家应针对人权法和人道法在此类情境中的关系达成一致。这个问题本身或许并不会纳入军事手册之中，但是的确需要额外研究。

由于不能确保受训人员都会遵守规则，法律培训本身也有其局限性，但是梅兰德还是强调了国际人道法培训的重要性。梅兰德曾在罗尔·瓦伦堡人权与人道法研究所提供人权法方面的培训。在讲授完有关禁止酷刑的课程之后，一位来自亚洲国家的参训警察曾对梅兰德低声耳语道："无论如何，我认为有些轻微的酷刑是有用处的。"

结论

22

总结发言与闭幕致辞

阿尔内·维利·达尔（Arne Willy Dahl）
报告人 玛丽亚玛·科荣纳（Mariamah Crona）

阿尔内·维利·达尔指出，今天的讨论似乎指向以下结论，即挪威还是其他北欧国家均对军事手册有需求。根据讨论，这部军事手册应包括有关和平行动的所有国际法和国内法的内容。若非如此，对此方面知识有需求的读者则需参考多部军事手册，这也就意味着这一新手册难谓成功。在编撰一部北欧国家通用军事手册时，可以将国内法的内容作为附录编入其中。编撰手册的过程需照顾到它的目标受众。手册使用的语言应当清晰易读，阐明不同国家对相关习惯法的官方立场及其自身政策。或许可以编撰一部北欧国家通用的核心手册（core manual），该手册应重点处理习惯法规则以及北欧诸国都批准了的条约法。编撰这样一部通用手册的难点是如何阐述各国家对条约的不同解释。手册应将这些观点协调起来，而不牺牲规则的明晰性。至于这一目标是否可行，目前还不得而知。

达尔指出，编撰北欧通用军事手册的项目能否被推进，取决于这次研讨会的组织者们能否合作撰写一部共同倡议书，以供提交至北欧各国的国防部门。在理想的情况下，真正编撰一部军事手册的工作应由国防部门领头，这样军队体系才能对军事手册产生主人翁式的认同感，这样最后的军事手册才能发挥军事手册的作用。换言之，手册不应是某个外部机构强加给军队的文件。应由这些国家的国防部决定是否开始编撰军事手册的工程，如何组织这一任务，在多大程度上去寻求各国红十字会、相关学术领域专家以及其他相关非军方研究者的意见。

假如最后发现编撰一部北欧国家通用军事手册是不现实的，那么上述探索过程是否会对各国编撰各自的国家军事手册有所助益呢？对于这个问题，达尔先生持肯定态度，并且建议会议的组织者们按照上述建议推进这项工程。

附录

发言人和主持人名单

罗伯塔·阿诺德（Roberta Arnold），伯尔尼大学博士（荣誉毕业），诺丁汉大学法学硕士。瑞士军事司法部第八军事法庭专业专家军官（中尉军衔）及预审法官候选人。国际刑法和国际人道法领域独立法律顾问。她曾在瑞士国防部武装部队参谋部下的武装冲突法部担任法律顾问（2003 年至 2005 年）。

威廉·H·布斯比（William H. Boothby），空军上校，任职于英国皇家空军法律部。1997 年获得律师资格。于 1981 年成为英国皇家部队军官，曾在英国、德国、中国香港、塞浦路斯和克罗地亚服役。他是《英国手册》的编委会成员。曾前往奥斯陆参加《禁止杀伤人员地雷公约》的磋商。是为参与《特定常规武器公约》框架谈判的英国代表团成员之一（2000 年至 2005 年）。

欧夫·博瑞（Ove Bring）是斯德哥尔摩瑞典国防学院国际法教授。他曾担任瑞典外交部国际法特别法律顾问，并处理了外交保护、联合国维护和平及执行和平行动、国际人道法和军控法方面的问题。他曾于 1993 年在瑞典乌普萨拉大学担任国际公法教授，于 1997 年在斯德哥尔摩大学担任卡尔·林德哈根（Carl Lindhagen）国际法教授。自 2005 年起，他曾担任瑞典国防学院国际法中心主任。他是国际法协会（伦敦）执行理事，瑞典外交部国际法代表。

阿尔内·维利·达尔（Arne Willy Dahl）是挪威武装部队总军法官，负责军事案件中的刑事起诉和为惩戒性纪律处分提供法律建议。他生于 1949 年，1974 年毕业于奥斯陆大学法学院，曾在步兵和医务兵团接受过预备役军官训练。自 1982 年起，他相继担任挪威陆军学院讲师，挪威东区军法官，奥斯陆地方检察官（公诉人），挪威武装部队法律部主任，以及挪威最高检察院检察官（专门负责战争犯罪事项）。他撰写了《国际法军事手册》，目前任国际军事法和战争法学会主席。

路易斯·多斯瓦尔德-贝克（Louise Doswald-Beck）于 2003 年 10 月 1 日被提名为瑞士日内瓦高等国际关系与发展学院教授，以及日内瓦国际人道法大学中心主任（现日内瓦国际人道法和人权法学院），以及国际与发展研究院教授。多斯瓦尔德-贝克来自英国，在伦敦获得出庭律师资格后于 1975 年开始学术生涯。她曾是埃克塞特大学国际法讲师，后来在伦敦大学教授法学硕士课程，特别是关于武装冲突法、使用武力以及人权的国际保护的课程。从 1987 年直到 2001 年 2 月，她是红十字国际委员会的法律顾问，并于 1998 年 3 月出任法律部主任。她在红十字国际委员会工作期间，在《国际刑事法院罗马规约》及其《犯罪要件》，《特定常规武器公约》的《第二附加议定书》（于 1996 年获得修订）和《第四附加议定书》，《禁止杀伤人员地雷公约》，《关于文化财产的海牙公约第二附加议定书》，以及《适用于海上武装冲突的圣雷莫国际法手册》等国际文件的谈判中做出重要贡献。从 2001 年至 2003 年 8 月，她成为国际法学家委员会（International Commission of Jurists）秘书长，一个致力于通过法治来保护人权的非政府组织。她在使用武力、人道法和人权法等领域著述颇丰，成果包括红十字国际委员会出版的《习惯国际人道法》。此研究使她在第十七届国际军事法和战争法学会上获得了恰尔迪奖（Ciardi Prize）。

威廉·J·芬瑞克（William J. Fenrick）曾于 1994 年至 2004 年间担任前南斯拉夫问题国际刑事法庭检察官办公室（OTP）高级法律顾问。他还是前南刑庭法律顾问部主任，战争法事务高级顾问。在前南刑庭工作期间，他为检察官办公室提供有关国际法的咨询意见，并参与了初审和上诉阶段的庭上论辩，特别是就冲突的分类、指挥官责任和在战斗中实施的罪行发表意见。他还是 2000 年《北约轰炸南斯拉夫联邦共和国调查审议委员会给检察官的最后报告》的主要作者。在前南刑庭任职之前，他曾是联合国安理会第 780 号决议所设立的前南战争犯罪调查专家委员会的成员，负责法律事务和现场调查工作。1974 年至 1994 年间，他曾任加拿大武装部队军队律师，负责战争法和军事行动法事项。他在战争法领域著述丰富于 1966 年获得加拿大皇家军事学院学士学位（荣誉毕业，历史），于 1968 年获得卡尔顿大学硕士学位（加拿大研究），于 1973 年获得达尔豪斯大学法学学士学位，于 1983 年获得乔治·华盛顿大学法学硕士学位。他目前居住于加拿大哈利法克斯，在达尔豪斯法学院教授国际刑法和国际人道法。

迭特·弗莱克（Dieter Fleck）是德国国防部国际条约与政策处主任，2008 年牛津出版社出版的《国际人道法手册》（第二版）的主编，国际军事法和战争法学会名誉主席。

　　查尔斯·盖瑞威（Charles Garraway）曾担任英国陆军法律部军官三十余年，负责国际法和行动法相关问题。在任职期间，他多年担任《英国武装冲突法手册》（草拟稿）的编辑并一直是编辑委员会成员。退休后，他又出任了一系列学术职务，如任美国海军学院斯托克顿国际公法讲席教授。他目前是英国皇家国际事务研究所的副研究员，伦敦国王学院访问教授，埃塞克斯大学人权中心访问学者，以及根据《日内瓦四公约》的《第一附加议定书》第 90 条设立的国际实况调查委员会委员。他在国际人道法和国际刑法领域著述丰富。

　　汉斯-彼得·盖瑟（Hans-Peter Gasser），哈佛法学院法学硕士，苏黎世大学法学博士，曾任红十字国际委员会高级法律顾问、《红十字国际评论》编辑。

　　沃尔夫·海因茨舍尔·冯·海内格（Wolff Heintschel von Heinegg）是德国奥德河畔法兰克福欧洲大学公法教授，专长国际公法、欧洲法和外国宪法。自 2004 年 10 月起担任欧洲大学法学院主任，2007 年成为意大利圣雷莫国际人道主义法研究所理事会理事。此前，他曾担任德国奥格斯堡大学国际公法教授。2003 至 2004 年期间，曾任美国海军学院斯托克顿国际法讲席教授。他曾是俄罗斯加里宁格勒大学访问教授，哈萨克斯坦阿拉木图大学访问教授，古巴圣地亚哥大学访问教授，法国尼斯大学访问教授。他曾是国际法协会海洋中立委员会的报告员，德国军事法和战争法学会副主席。曾作为国际律师与海战专家起草《适用于海上武装冲突的圣雷莫国际法手册》。2002 年，他出版了德国海军的《海上行动法指挥官手册》。海内格教授目前是为多个专家组的成员，致力于研究国际人道法的现状并推动国际人道法的逐渐发展。他在国际公法和德国宪法方面著述丰富。

　　玛丽亚·列托（Marja Lehto），有博士、法学硕士和政治科学硕士学位，是芬兰外交部国际公法部负责人。她曾专门从事《促进国际人道法欧盟指南》的解释与实施工作。从 1995 年至 2000 年，她作为芬兰常驻联合国代表团成员，参加了《国际刑事法院罗马规约》及其《犯罪要件》的谈判。她还参加了一系列反恐怖主义公约的谈判，并在 2006 年至 2007 年间任欧洲理事会恐怖主义专家委员会主席。

　　戈兰·梅兰德（Göran Melander）是罗尔·瓦伦堡人权与人道法研究所的创始人及前主任，隆德大学法学院国际公法荣休教授。他在隆德大学获得法学博士学位，在 2001 年至 2004 年间曾担任消除对妇女歧视委员会成员。他在人权法、人道法和难民法领域具有丰富的专门知识和经验，曾在非洲、亚洲、欧洲和拉丁美洲教学以及担任专家顾问。他在人权法和国际法领域享有国际声誉，并曾撰写和编辑大量的专著、论文，且继续活跃于国际人权组织和人权活动中。

特吕格弗·G·诺德比（Trygve G. Nordby）是挪威红十字会秘书长。他在志愿服务和公共部门两个领域均担任过高级管理者，有着十分丰富的经验。在 1990 年至 1997 年期间，曾任挪威难民理事会秘书长，在 1998 年至 1999 年间担任欧洲安全与合作组织驻克罗地亚使团难民返乡和融入问题顾问。从 1999 年至 2001 年间，他曾作为独立顾问从事国际人道事务、管理和沟通方面工作。在 2006 年 3 月加入红十字和红新月运动以前，他担任挪威移民局总干事。

格罗·尼史顿（Gro Nystuen），法学博士，奥斯陆大学国际人道法副教授。在 1991 年至 2005 年间于挪威外交部任职，其间（2000 年至 2003 年）于奥斯陆大学法学院完成了有关《代顿和平协议》的博士论文。在外交部期间，她主要在国际法部任职，并最终升至国际法部副部长和人权和民主处主任。在国际公法领域，她的主要专长是人权法，国际人道法和武器问题，包括《禁止杀伤人员地雷公约》。1994 年至 1995年期间她曾为挪威常驻联合国代表团成员。在 1995 年联合国前南斯拉夫问题国际会议期间被临时调派为联合国与会联席主席、挪威政治家托尔瓦·斯托尔滕贝格（Thorvald Stoltenberg）的法律顾问；1995 年至 1997 年又被调派为欧盟驻波斯尼亚高级代表卡尔·比尔特（Carl Bildt）的法律顾问。2004 年被任命为挪威政府养老基金道德委员会主任。自 2005 年开始在奥斯陆大学出任教职。

彼得·奥特肯（Peter Otken）是丹麦军法总署军法官。他是资深军事检察官，负责关于丹麦武装部队成员在国际军事行动中罪行的案件。1997 年至 1999 年间，他曾任总军法官国际人道法特别助理，以及丹麦国防司令部军事法律顾问。1998 年他被任命为和北约驻波黑多国稳定部队总部副法律顾问，于 1999 年至 2000 年作为联合国国际刑事法院预备委员会丹麦代表团成员。自从 1997 年开始，他在哥本哈根大学法学院教授国际公法。

安东尼•P•V•罗杰斯（Anthony P.V. Rogers）是剑桥大学劳特派特国际法中心高级研究员，剑桥大学法律系约克杰出访问学者。他曾担任英国陆军法律部主任，国际人道实况调查委员会副主席。著有获奖的《战场上的法律》（曼彻斯特大学出版社，2004 年，第二版）。英国外交部《武装冲突法手册》（牛津大学出版社，2004 年）的总编辑。

弗朗索瓦•塞内绍（Francois Sénéchaud）是红十字国际委员会武装和安全部队关系部的负责人。他曾在瑞士武装部队担任军官（少校军衔），于 1989 年在瑞士洛桑大学获得法学学士，在瑞士日内瓦高等国际关系与发展学院获得"安全政策与裁军"国际关系专业证书。于 1992 年在英国国王学校获得战争研究硕士学位。1992 年至 1993 年在瑞士参谋部担任政治分析员，专注安全政策、裁军与和平支持行动等领域，并以总参谋长的名义撰写了研究报告《和平支持行动新环境》。自 2001 年、2002 年起，他开始担任国际武装冲突法领域学科协调人，并撰写了一部新的战地手册《旅级司令官及参谋行动法手册》。他有出任多国部队旅指挥官法律顾问的经验。进入红十字国际委员会之后，他曾任战地代表，曾在克罗地亚（1993 年），波斯尼亚（1994 年），卢旺达（1994 年至 1995 年）和秘鲁（1995 年至 1996 年）担任办公室主任以及次级代表团团长等多种职务。他曾在危地马拉担任红十字国际委员会处理中美洲、加勒比地区和美国武装部队和安全部队事务的代表。他的职责包括支持该区域内的各国推出训练项目，促进武装冲突法融入各国对本国武装部队和安全部队的训练过程中。

大卫•图恩斯（David Turns），英国国防学院武装冲突法高级讲师。1994 年至 2007 年曾任利物浦大学全职法学讲师。1990 年至 1994 年曾任伦敦政治经济学院兼职讲师。伦敦政治经济学院法学本科（1987 年至 1990 年），国际法法学硕士（1991 年至 1992 年）。于 1992 年在英格兰和威尔士内殿律师学院取得出庭律师资格。1993 年至 1994 年间在伦敦霍尔本学院和伦敦摄政大学法学院任教。

研讨会报告人名单

玛利亚·贝尔格兰·阿斯（Maria Bergram Aas），挪威人权中心助理研究员

莉迪亚·图久巴·阿托木萨（Lydia Tujuba Atomssa），奥斯陆大学法学院硕士研究生

查尔斯·科特-勒平（Charles Cote-Lepine），奥斯陆大学法学院硕士交换生

玛丽亚玛·科荣纳（Mariamah Crona），挪威人权中心助理研究员

艾瑞卡·埃琳（Erika Ellyne），奥斯陆大学法学院硕士交换生

其他参与者名单

玛利亚·贝尔格兰·阿斯（Maria Bergram Aas）是挪威人权中心的助理研究员。她帮助阿尔内·维利·达尔将其书面开场致词最后定稿，也为大卫·图恩斯准备其研讨会论文提供了协助。此外，她还起草了关于戈兰·梅兰德发言的报告。

玛丽亚玛·科荣纳（Mariamah Crona）是挪威人权中心助理研究员。她分别帮助了彼得·奥特肯和欧维·博瑞将他们的书面开场致词定稿。她还起草了阿尔内·维利·达尔闭幕致辞的报告。

克里斯汀·德兰尼（Christine M. Delaney）是挪威人权中心硕士研究生。她帮忙校对了汉斯-彼得·盖瑟的研讨会论文。

研讨会最后声明

2007 年 12 月 10 日，星期一，位于奥斯陆豪斯曼斯路 7 号的挪威红十字会，在其亨利·杜南厅召开了题为"国家武装冲突法军事手册研究"的研讨会。此研讨会是由国际刑事司法和冲突论坛组织的国际研讨会系列之一，由挪威人权中心（奥斯陆大学）、挪威红十字会、丹麦红十字会、芬兰红十字会、瑞典红十字会、挪威国防指挥官和参谋学校、挪威国防研究院以及奥斯陆和平研究院联合主办。

此次研讨会探讨了与国家武装冲突法军事手册有关的各个方面的问题，以及在起草、维护军事手册及构想军事手册的功能时所面临的挑战。由于各北欧国家目前尚无军事手册，所以此次研讨会还讨论了为北欧国家武装部队编撰一部通用军事手册的可能性与可行性的问题。

武装冲突法是过去的几个世纪中交战国之间谨慎遵守、并且记录下来的各种国家实践与国际协议的集中体现。然而长久以来，确保各国武装部队知晓法律，其成员能够理解法律的内容，并且在战场上切实尊重法律，无不是非常困难的。尽管法律本身包含数量较大且技术性极强的条文，但是它在一些关键问题上的规定却常常是松散的、模糊的。国家通常在具体规则的适用性及其解释方面持各不相同的观点。由于一国政府对于适用法律的淡漠、无能为力或者是不支持的态度，很多士兵在适用法律方面难以得到任何指导。称职的军事律师的匮乏以及存在于部分武装部队的特殊"组织文化"等因素，也阻碍了相关国际规则得到遵守。

1977 年《第一附加议定书》的第 82 至 84 条、第 87 条专门规定缔约国有义务配备称职的法律顾问，使其军事和相关文职人员熟悉法律，并要求指挥官对其下属不遵守公约的行为采取预防措施或者惩治措施。各缔约国为了履行这些条约义务，需要通过寻求专家意见以及相关必要材料的方式，在武装冲突法或者其本国国内法中，清晰准确地对相关法律规则做出统一的阐述，以供其在实施军事行动时适用。绝大部分士兵本身不是法律工作者，而且没有特别的帮助的话他们自己不可能解决复杂的法律问题，故针对他们而言就更需要这样一部手册来对法律进行统一解读。

军事手册的目的就是帮助武装部队了解那些与战争相关的、同时也对其国家具有法律约束力的规则。一部好的手册可以在战场上为部队成员提供坚实的行动指南，减少这些规则的不确定性。此次研讨会集中讨论了以下四个领域中的问题：

第一，国家军事手册到底是什么？它的目的是什么？在与武装部队有关的大量法律的、专业性的规范框架中，例如在包括刑法、军事司法、行动条令、交战规则与战场道德在内的国内法中，军事手册到底属于其中哪一类？武装冲突法军事手册的功能和属性又是什么？军事手册能够成为国家实践或者是法律确信的证据吗？还是都不能构成？

第二，拥有自己军事手册的国家有哪些经验？这些国家为什么编撰手册？为了其武装部队成员的利益，还是为了政府部门官员的利益？军事手册的目标受益人群是如何进行培训的？军事手册是否达到了预期的效力？军事手册是如何影响那些相关人员去适用和遵守武装冲突法的？军事手册在和平行动中的作用如何？在和平行动中，相对于国际性军事手册而言，一部国家军事手册是否适合？

第三，军事手册应当包含或者排除的主题以及法律内容有什么？军事手册如何应对多变的战争，武装冲突法的快速发展，以及武器和战术之间的争议？国际人权法和国际刑法等领域都与武装冲突法存在大量交叉，军事手册如何对待这些交叉领域的问题？一部好的军事手册应当吸收哪些人的观点和帮助：军队律师，不从事法律专业的军事人员，平民专家，还是红十字会专家，等等？

第四，没有军事手册的国家真的需要一部军事手册吗？军事手册能够提供的附加价值是什么？有武装部队军事手册和没有军事手册的利弊如何？使编撰一部军事手册具有合法性、可行性和实用性，需要什么条件吗？又是哪些条件呢？编撰一部"北欧军事手册"有可能吗？

本次研讨会上，在武装冲突法、军事手册以及相关领域经验丰富的国际杰出专家学者讨论了上述问题。

会议议程

09:00 **欢迎致辞** 特吕格弗·G·诺德比

09:05 **开幕致辞** 格罗·尼史顿

<u>主题一：军事手册的基本元素</u>

09:10 **主持人发言** 阿尔内·维利·达尔

09:15 **军事手册、行动法与武装部队监管框架**

查尔斯·盖瑞威

09:35 **军事手册，法律顾问和 1977 年**

《第一附加议定书》，汉斯-彼得·盖瑟

09:55 **军事手册与习惯武装冲突**，法大卫·图恩斯

10:15 讨论环节

10:40 茶歇

<u>主题二：编撰和使用军事手册的经验</u>

11:00 **主持人发言** 彼得·奥特肯

11:05 **英国军事手册** 安东尼·P·V·罗杰斯

11:25 **加拿大军事手册** 威廉·J·芬瑞克

11:45 **德国军事手册** 沃尔夫·亨切尔·冯·海内格

12:05 **军事手册与多国和平行动带来的挑战**

迭特·弗莱克（Dieter Fleck）

12:25 **讨论环节**

12:50 在会场简午餐

<u>主题三：军事手册的范围和内容</u>

13:20 **主持人发言** 玛丽亚·列托

13:25 **将国际刑法融入军事手册** 罗伯塔·阿诺德

13:45 **关于敌对行动的现实、发展和有关争议**

威廉·H·布斯比

14:05 **将国际人权法融入军事手册**

路易斯·多斯瓦尔德-贝克

14:25 **红十字国际委员会关于军事手册的观点**

弗朗索瓦·塞内绍

14:45 **讨论环节**

15:10 茶歇

<u>主题四：一部北欧国家通用军事手册？</u>

15:30 **编撰一部北欧国家军事手册利弊谈**

戈兰·梅兰德

16:00 **专题讨论会**

主持人： 欧维·博瑞

小组成员： 戈兰·梅兰德，格罗·尼史顿

查尔斯·盖瑞威，威廉·J·芬瑞克，迭特·弗莱克

16:50 **总结发言与展望** 阿尔内·维利·达尔

奥普萨尔学术电子出版社成员

Editors

Antonio Angotti, Editor
Olympia Bekou, Editor
Mats Benestad, Editor
Morten Bergsmo, Editor-in-Chief
Alf Butenschøn Skre, Editor
Eleni Chaitidou, Editor
Chan Icarus, Editor
Cheah Wui Ling, Editor
Fan Yuwen, Editor
Manek Minhas, Editor
Nikolaus Scheffel, Editor
Song Tianying, Editor
Moritz Thörner, Editor
Zhang Yueyao, Editor

Editorial Assistants

Gabriel Bichet
Medha Damojipurapu
Rohit Gupta
Fadi Khalil
Marquise Lee Houle
Harshit Rai
Efrén Ismael Sifontes Torres
Mansi Srivastava

Law of the Future Series Co-Editors

Dr. Alexander Muller
Professor Larry Cata Backer
Professor Stavros Zouridis

Nuremberg Academy Series Editor

Dr. Viviane E. Dittrich, Deputy Director, International Nuremberg Principles Academy

Scientific Advisers

Professor Danesh Sarooshi, Principal Scientific Adviser for International Law
Professor Andreas Zimmermann, Principal Scientific Adviser for Public International Law
Professor Kai Ambos, Principal Scientific Adviser for International Criminal Law
Dr.h.c. Asbjørn Eide, Principal Scientific Adviser for International Human Rights Law

Professor James Silk, Yale Law School
Associate Professor Yang Lijun, Chinese Academy of Social Science
Professor Marcos Zilli, University of Sao Paulo

出版物系列著作

Morten Bergsmo, Mads Harlem and Nobuo Hayashi (editors):
Importing Core International Crimes into National Law
Torkel Opsahl Academic EPublisher
Oslo, 2010
FICHL Publication Series No. 1 (Second Edition, 2010)
ISBN: 978-82-93081-00-5

Nobuo Hayashi (editor):
National Military Manuals on the Law of Armed Conflict
Torkel Opsahl Academic EPublisher
Brussels, 2023
Publication Series No. 2 (Third Edition, 2023)
ISBN print: 978-82-8348-226-3
ISBN e-book: 978-82-8348-225-6

林 伸生（主编）：
国家武装冲突法军事手册研究
Torkel Opsahl Academic EPublisher
Brussels, 2023
Publication Series No. 2 (Chinese Edition, 2023)
ISBN print: 978-82-8348-119-8
ISBN e-book: 978-82-8348-120-4

Morten Bergsmo, Kjetil Helvig, Ilia Utmelidze and Gorana Žagovec:
The Backlog of Core International Crimes Case Files in Bosnia and Herzegovina
Torkel Opsahl Academic EPublisher
Oslo, 2010
FICHL Publication Series No. 3 (Second Edition, 2010)
ISBN: 978-82-93081-04-3

Morten Bergsmo (editor):
Criteria for Prioritizing and Selecting Core International Crimes Cases
Torkel Opsahl Academic EPublisher
Oslo, 2010
FICHL Publication Series No. 4 (Second Edition, 2010)
ISBN: 978-82-93081-06-7

Morten Bergsmo and Pablo Kalmanovitz (editors):
Law in Peace Negotiations
Torkel Opsahl Academic EPublisher
Oslo, 2010
FICHL Publication Series No. 5 (Second Edition, 2010)
ISBN: 978-82-93081-08-1

Morten Bergsmo, César Rodríguez Garavito, Pablo Kalmanovitz and Maria Paula Saffon (editors):
Distributive Justice in Transitions
Torkel Opsahl Academic EPublisher
Oslo, 2010
FICHL Publication Series No. 6 (2010)
ISBN: 978-82-93081-12-8

Morten Bergsmo, César Rodriguez-Garavito, Pablo Kalmanovitz and Maria Paula Saffon (editors):
Justicia Distributiva en Sociedades en Transición
Torkel Opsahl Academic EPublisher
Oslo, 2012
FICHL Publication Series No. 6 (Spanish Edition, 2012)
ISBN: 978-82-93081-10-4

Morten Bergsmo (editor):
Complementarity and the Exercise of Universal Jurisdiction for Core International Crimes
Torkel Opsahl Academic EPublisher
Oslo, 2010
FICHL Publication Series No. 7 (2010)
ISBN: 978-82-93081-14-2

Morten Bergsmo (editor):
Active Complementarity: Legal Information Transfer
Torkel Opsahl Academic EPublisher
Oslo, 2011
FICHL Publication Series No. 8 (2011)
ISBN print: 978-82-93081-56-2
ISBN e-book: 978-82-93081-55-5

Morten Bergsmo (editor):
Abbreviated Criminal Procedures for Core International Crimes
Torkel Opsahl Academic EPublisher
Brussels, 2017
FICHL Publication Series No. 9 (2017)
ISBN print: 978-82-93081-20-3
ISBN e-book: 978-82-8348-104-4

Sam Muller, Stavros Zouridis, Morly Frishman and Laura Kistemaker (editors):
The Law of the Future and the Future of Law
Torkel Opsahl Academic EPublisher
Oslo, 2010
FICHL Publication Series No. 11 (2011)
ISBN: 978-82-93081-27-2

Morten Bergsmo, Alf Butenschøn Skre and Elisabeth J. Wood (editors):
Understanding and Proving International Sex Crimes
Torkel Opsahl Academic EPublisher
Beijing, 2012
FICHL Publication Series No. 12 (2012)
ISBN: 978-82-93081-29-6

Morten Bergsmo (editor):
Thematic Prosecution of International Sex Crimes
Torkel Opsahl Academic EPublisher
Brussels, 2018
Publication Series No. 13 (Second Edition, 2018)
ISBN print: 978-82-8348-025-2
ISBN e-book: 978-82-8348-024-5

Terje Einarsen:
The Concept of Universal Crimes in International Law
Torkel Opsahl Academic EPublisher
Oslo, 2012
FICHL Publication Series No. 14 (2012)
ISBN: 978-82-93081-33-3

تِرج آينارسن:
مفهوم جرايم‌جهاني‌در حقوق‌بين‌الملل
Torkel Opsahl Academic EPublisher
Brussels, 2023
Publication Series No. 14 (Persian Edition, 2023)
ISBN print: 978-82-8348-202-7
ISBN e-book: 978-82-8348-203-4

Morten Bergsmo and LING Yan (editors):
State Sovereignty and International Criminal Law
Torkel Opsahl Academic EPublisher
Beijing, 2012
FICHL Publication Series No. 15 (2012)
ISBN: 978-82-93081-35-7

莫滕·伯格斯默 凌岩(主编):
国家主权与国际刑法
Torkel Opsahl Academic EPublisher
Beijing, 2012
FICHL Publication Series No. 15 (Chinese Edition, 2012)
ISBN: 978-82-93081-58-6

Morten Bergsmo and CHEAH Wui Ling (editors):
Old Evidence and Core International Crimes
Torkel Opsahl Academic EPublisher
Beijing, 2012
FICHL Publication Series No. 16 (2012)
ISBN: 978-82-93081-60-9

YI Ping:
戦争と平和の間――発足期日本国際法学における「正しい戦争」の観念とその帰結
Torkel Opsahl Academic EPublisher
Beijing, 2013
FICHL Publication Series No. 17 (2013)
ISBN: 978-82-93081-66-1

Morten Bergsmo and SONG Tianying (editors):
On the Proposed Crimes Against Humanity Convention
Torkel Opsahl Academic EPublisher
Brussels, 2014
FICHL Publication Series No. 18 (2014)
ISBN: 978-82-93081-96-8

Morten Bergsmo and Carsten Stahn (editors):
Quality Control in Fact-Finding
Torkel Opsahl Academic EPublisher
Brussels, 2020
Publication Series No. 19 (Second Edition, 2020)
ISBN print: 978-82-8348-135-8
ISBN e-book: 978-82-8348-136-5

Morten Bergsmo, CHEAH Wui Ling and YI Ping (editors):
Historical Origins of International Criminal Law: Volume 1
Torkel Opsahl Academic EPublisher
Brussels, 2014
FICHL Publication Series No. 20 (2014)
ISBN: 978-82-93081-11-1

Morten Bergsmo, CHEAH Wui Ling and YI Ping (editors):
Historical Origins of International Criminal Law: Volume 2
Torkel Opsahl Academic EPublisher
Brussels, 2014
FICHL Publication Series No. 21 (2014)
ISBN: 978-82-93081-13-5

Morten Bergsmo, CHEAH Wui Ling, SONG Tianying and YI Ping (editors):
Historical Origins of International Criminal Law: Volume 3
Torkel Opsahl Academic EPublisher
Brussels, 2015
FICHL Publication Series No. 22 (2015)
ISBN print: 978-82-8348-015-3
ISBN e-book: 978-82-8348-014-6

Morten Bergsmo, CHEAH Wui Ling, SONG Tianying and YI Ping (editors):
Historical Origins of International Criminal Law: Volume 4
Torkel Opsahl Academic EPublisher
Brussels, 2015
FICHL Publication Series No. 23 (2015)
ISBN print: 978-82-8348-017-7
ISBN e-book: 978-82-8348-016-0

Morten Bergsmo, Klaus Rackwitz and SONG Tianying (editors):
Historical Origins of International Criminal Law: Volume 5
Torkel Opsahl Academic EPublisher
Brussels, 2017
FICHL Publication Series No. 24 (2017)
ISBN print: 978-82-8348-106-8
ISBN e-book: 978-82-8348-107-5

Morten Bergsmo and SONG Tianying (editors):
Military Self-Interest in Accountability for Core International Crimes
Torkel Opsahl Academic EPublisher
Brussels, 2015
FICHL Publication Series No. 25 (2015)
ISBN print: 978-82-93081-61-6
ISBN e-book: 978-82-93081-81-4

Wolfgang Kaleck:
Double Standards: International Criminal Law and the West
Torkel Opsahl Academic EPublisher
Brussels, 2015
FICHL Publication Series No. 26 (2015)
ISBN print: 978-82-93081-67-8
ISBN e-book: 978-82-93081-83-8

LIU Daqun and ZHANG Binxin (editors):
Historical War Crimes Trials in Asia
Torkel Opsahl Academic EPublisher
Brussels, 2016
FICHL Publication Series No. 27 (2015)
ISBN print: 978-82-8348-055-9
ISBN e-book: 978-82-8348-056-6

Morten Bergsmo, Mark Klamberg, Kjersti Lohne and Christopher B. Mahony (editors):
Power in International Criminal Justice
Torkel Opsahl Academic EPublisher
Brussels, 2020
Publication Series No. 28 (2020)
ISBN print: 978-82-8348-113-6
ISBN e-book: 978-82-8348-114-3

Mark Klamberg (editor):
Commentary on the Law of the International Criminal Court
Torkel Opsahl Academic EPublisher
Brussels, 2017
FICHL Publication Series No. 29 (2017)
ISBN print: 978-82-8348-100-6
ISBN e-book: 978-82-8348-101-3

Stian Nordengen Christensen:
Counterfactual History and Bosnia-Herzegovina
Torkel Opsahl Academic EPublisher
Brussels, 2018
Publication Series No. 30 (2018)
ISBN print: 978-82-8348-102-0
ISBN e-book: 978-82-8348-103-7

Stian Nordengen Christensen:
Possibilities and Impossibilities in a Contradictory Global Order
Torkel Opsahl Academic EPublisher
Brussels, 2018
Publication Series No. 31 (2018)
ISBN print: 978-82-8348-104-4
ISBN e-book: 978-82-8348-105-1

Morten Bergsmo and Carsten Stahn (editors):
Quality Control in Preliminary Examination: Volume 1
Torkel Opsahl Academic EPublisher
Brussels, 2018
Publication Series No. 32 (2018)
ISBN print: 978-82-8348-123-5
ISBN e-book: 978-82-8348-124-2

Morten Bergsmo and Carsten Stahn (editors):
Quality Control in Preliminary Examination: Volume 2
Torkel Opsahl Academic EPublisher
Brussels, 2018
Publication Series No. 33 (2018)
ISBN print: 978-82-8348-111-2
ISBN e-book: 978-82-8348-112-9

Morten Bergsmo and Emiliano J. Buis (editors):
Philosophical Foundations of International Criminal Law: Correlating Thinkers
Torkel Opsahl Academic EPublisher
Brussels, 2018
Publication Series No. 34 (2018)
ISBN print: 978-82-8348-117-4
ISBN e-book: 978-82-8348-118-1

Morten Bergsmo and Emiliano J. Buis (editors):
Philosophical Foundations of International Criminal Law: Foundational Concepts
Torkel Opsahl Academic EPublisher
Brussels, 2019
Publication Series No. 35 (2019)
ISBN print: 978-82-8348-119-8
ISBN e-book: 978-82-8348-120-4

Morten Bergsmo, Emiliano J. Buis and SONG Tianying (editors):
Philosophical Foundations of International Criminal Law: Legally-Protected Interests
Torkel Opsahl Academic EPublisher
Brussels, 2022
Publication Series No. 36 (2022)
ISBN print: 978-82-8348-121-1
ISBN e-book: 978-82-8348-122-8

Terje Einarsen and Joseph Rikhof:
A Theory of Punishable Participation in Universal Crimes
Torkel Opsahl Academic EPublisher
Brussels, 2018
Publication Series No. 37 (2018)
ISBN print: 978-82-8348-127-3
ISBN e-book: 978-82-8348-128-0

Xabier Agirre Aranburu, Morten Bergsmo, Simon De Smet and Carsten Stahn (editors):
Quality Control in Criminal Investigation
Torkel Opsahl Academic EPublisher
Brussels, 2020
Publication Series No. 38 (2020)
ISBN print: 978-82-8348-129-7
ISBN e-book: 978-82-8348-130-3

Morten Bergsmo, Wolfgang Kaleck and Kyaw Yin Hlaing (editors):
Colonial Wrongs and Access to International Law
Torkel Opsahl Academic EPublisher
Brussels, 2020
Publication Series No. 40 (2020)
ISBN print: 978-82-8348-133-4
ISBN e-book: 978-82-8348-134-1

Morten Bergsmo and Kishan Manocha (editors):
Religion, Hateful Expression and Violence
Torkel Opsahl Academic EPublisher
Brussels, 2023
Publication Series No. 41 (2023)
ISBN print: 978-82-8348-141-9
ISBN e-book: 978-82-8348-142-6

所有出版物均可在此网站免费获取 http://www.toaep.org/ps/。购买纸质书请访问 http://www.toaep.org/about/distribution/。发表在学术期刊和年刊的已出版著作的书评见 http://www.toaep.org/reviews/。